민들레 씨앗

현 대 수 필 가 1 0 0 인 선 · 20

민들레 씨앗

이정림 수필선

좋은수필사

■ 책머리에

수필은 누구나 부담 없이 읽고, 마음만 먹으면 직접 쓸 수도 있는 가장 친근한 문학이다. 다른 영역의 문학이 영상매체에 밀려 신음하고 있는 중에도 수필 인구만은 날로 증가하여 바야흐로 수필 전성시대를 구가하고 있는 이유도 거기에 있을 것이다.

시대적 추세에 힘입어 수많은 수필전문지, 수필동인지가 창간되고, 이에 비례하여 신진 수필가도 날로 늘어나다 보니 이제는 그 많은 작가, 그 많은 작품 중에서 문학성 높은 작품을 가려 읽는 일이 쉽지 않게 되었다. 이런 현상은 작가에게나 독자에게나 결코 바람직한 일이 아니다. 더 나아가서는 수필을 연구하는 후세들에게도 큰 부담이 될 것이다.

이런 문제를 해결하는 데는 출판인도 마땅히 한몫을 감당해야 한다는 평소의 소신에 따라, 본사가 기꺼이 그 역할을 맡기로 했다. 그 첫 번째 사업으로 시대를 대표할 만한 수필가 100인을 선정하고, 작가가 자선한 40편 내외의 작품을 수록한 문고본을 발간하여 이를 널리 보급함으로써 그 소임을 다하고자 한다.

본사는 사명감을 가지고 이 사업을 추진해 나가기로 했다. 작가 선정을 전담할 편집위원회를 구성하고 전권을 위임하여 일체의 사적인 정실이나 청탁을 배제함으로써 전문성과 공

정성을 확보해 나갈 것이다.

따라서 이 기획물 속에는 작가의 문학정신뿐만 아니라, 본사의 문학사적 기여 의지와 편집위원 제위의 수필문학에 대한 애정과 문인으로서의 양심이 함께 담겨 있음을 자부한다. 다만, 작가를 선정하는 기준에는 많은 견해의 차이가 있을 수 있고, 선정 과정에서도 미처 챙기지 못한 부분이 있을 것이라는 사실만은 인정하지 않을 수 없다. 이 점에 대해서는 관계자 여러분의 양해 있으시기 바란다.

이 시리즈의 발간 순서는 작가, 또는 본사의 사정에 의한 것일 뿐 그 밖의 어떤 기준도 적용하지 않았음을 밝힌다.

본 기획물이 시대를 초월한 많은 수필 애호가들의 관심과 애정 속에 우리나라 수필문학 발전에 한 이정표가 되기를 바랄 뿐이다.

2008년 3월

좋은수필 발행인 서 정 환

현대수필가 100인선 간행 편집위원 박 재 식 최 병 호

정 진 권 강 호 형

변 해 명

| 차례 | 현대수필가100인선 · 20

1_부

2_부

3_부

4_부

1부

아까시 꽃술

내가 어렸을 때 우리 시골집은 포도 과수원을 했다. 포도뿐만이 아니라 사과와 배도 재배했지만 그것은 얼마 안 되고 주로 포도에 중점을 두었다.

포도 과수원 둘레로 죽 늘어서 있는 앵두나무에는 빨간 앵두가 따먹기에도 숨이 가쁘게 많이 달렸었다. 과수원 옆, 우물가에 심어져 있는 골담초 나무에 노란 꽃이 피면 어머니는 그 꽃을 따서 떡을 찌셨다. 그 향긋한 꽃 냄새가 밴 떡 맛이란 얼마나 좋았던지….

한여름에는 커다란 물통에 물을 잔뜩 길어 붓고 치마가 다 젖도록 물장구를 치며 놀았고, 밤이면 안마당에 깔아 놓은 멍석에 누워 다리미질하는 어머니 곁에서 숯불 냄새를 맡으며, 나까지 어디로 휩쓸려 떠내려갈 듯이 흘러가는 밤하늘과 금방

머리 위로 쏟아져 내릴 것 같은 은하수를 취한 듯 바라보곤 했다. 그때 어디서인가 별똥이라도 길게 선을 그으며 떨어지면 얼른 그 별에 조그마한 소원을 빌었다.

어렸을 적에 거리를 헤아리려면 우리는 곧잘 "과수원 끄트머리보다 머니?" 하고 말하곤 했었다. 그만큼 우리 과수원은 컸다. 그 과수원 끄트머리까지 신작로 양편으로는 아까시나무를 심었다. 키가 높게 치솟은 아까시나무가 과수원 끄트머리에서 맞닿은 신작로는 대낮에도 하늘이 보이지 않을 정도였다. 거기에다 꽃이라도 하얗게 피면 그 길은 꿀 같은 향기로 가득 찼고, 우리는 그 꽃을 머리 위로 치켜들고 마치 눈송이라도 받아먹는 양 입으로 따먹곤 했다.

그 하얀 꽃들이 다 지고 가시가 억세지면 나무를 베어 땔감으로 썼다. 가시가 하도 억세 장갑을 끼고 불을 지피는 머슴 곁에 쪼그리고 앉아, 탁탁 소리를 내며 황소처럼 기운차게 일어나는 불길을 야릇한 흥분에 싸여 바라보기도 했다.

그러던 어느 초여름, 그 하얀 아까시 꽃길로 가마 한 채가 들어왔다. 가마꾼은 팔이 아팠던지 신작로에 가마를 내려놓고 땀을 들였다.

"야! 색시 가마다."

우리는 곤두박질을 하며 뛰어가 가마 앞으로 가서는 조그만 가마 문을 살며시 올리고 안에 있는 색시를 들여다보았다. 연지곤지를 찍고 옥구슬이 하얀 이마에까지 살짝 늘어진 앙증스러운 족두리를 쓰고 다소곳이 앉아 있던 색시는 눈을 아래로 내리깔고 빨갛게 수줍음을 탔다. 우리는 색시 가마가 지나갈 적마다 장난스럽게 문을 올리고 색시를 들여다보곤 했지만 이렇게 예쁜 색시는 처음 보는 것 같았다.

어머니는 그 각시가 바로 이웃 마을에 시집 온 진陳씨 댁 큰며느리라고 하셨다.

나는 아침마다 진씨 댁으로 색시를 보러 가는 것이 일과처럼 되었다. 그 예쁜 색시가 보고 싶어서 사립문을 살짝 밀치고 들어서면, 색시는 꽃분홍 치마 위에 하얀 옥양목 앞치마를 길게 치고 키질을 하고 있었다.

"색시, 나 머리 땋아 줘, 응?"

내가 색시에게 놀러 가는 유일한 구실은 머리를 빗겨 달라는 것이었다. 색시는 곱게 웃으며 내 머리를 빗겨 주곤 했다.

색시와 종일 놀고 집에 돌아오면 나는 색시가 하던 모습을 일일이 흉내내었고 그러면 어른들은 그런 나를 바라보며 즐거워들 했다. 색시는 다듬이질도 잘했다. 흰 무명 빨래를 구김살 없이 개켜서는 다듬이질도 듣기 좋게 장단을 잘 맞추었다. 색시는 박달나무 방망이가 무거웠던지 다듬이질을 하면서 한쪽 방망이로 다듬잇돌 밑을 번갈아 쿡쿡 쑤시는 시늉을 하곤 했다. 나는 그 모습이 이상스럽고도 재미있어서 그런 흉내를 내며 놀았다. 그러면 어른들은 무슨 다듬이질을 그렇게 하느냐고 색시 흉을 보며 웃어댔다.

색시는 웬일인지 그 무렵부터 점점 시어머니의 눈 밖에 나기 시작했다. 좀 까다롭기로 이름난 그 시어머니는 색시의 하는 짓이 못마땅하게만 생각되어 노상 트집을 잡았다. 이때부터 그 고운 색시의 눈매에는 어두운 그늘이 지기 시작했지만, 조그마한 계집애인 나로서는 그것을 짐작하지 못했다.

마침내 색시는 시집에서 쫓겨나게 되었다. 아까시꽃이 흐드러지게 피었던 초여름에 시집왔던 색시는 또 그렇게 꽃이 만발하게 핀 이듬해 초여름에 쫓겨나게 된 것이다.

색시는, 흰옷을 입은 그 고운 색시는 작은 보따리 하나만을 동그마니 들고 가마도 타지 않은 채 우거진 아까시 꽃길을 걸어 가물가물 멀어져 갔다. 아까시나무가 맞닿은 과수원 끄트머리에서 색시의 모습이 보이지 않게 되자, 나는 색시가 하얀 아까시꽃으로 변한 착각을 하고 서 있었다.

그렇게 색시가 조용히 사라져 간 신작로에서 아이들과 아까시 잎을 따서 '딸까말까' 내기를 하며 놀 때면, 나는 가여운 색시 생각에 눈물이 나곤 하였다.

올해도 나는 아까시 꽃잎을 따서 술을 빚는다. 한 켜 한 켜에 설탕을 재며 정성스레 술을 담는다. 소복을 하고 가물가물 멀어져 가던 그 색시의 눈물 같은 아까시 꽃술을.

(1974)

진달래와 흑인 병사

초등학교 2학년에 진급하여 한 달포 가량 다녔을 때 6·25 전쟁이 일어났다. 서울에서 학교를 다니던 우리 형제들은 피란민들 속에 섞여서 산 속으로 걸어 걸어 고향인 천안으로 내려갔다. 그래서 나는 그곳 학교를 4년 동안 다니게 되었다.

고향 학교는 을씨년스러운 목조 건물이 부대 막사처럼 띄엄띄엄 세워져 있어 볼품은 없었으나, 역사는 그 고장에서 그중 깊은 편에 속했다. 학교 마당은 시뻘건 진흙이어서 비 오는 날에는 신이 무거울 정도로 진흙이 달라붙어 애를 먹었지만, 날이 개면 운동장은 우리들의 재미있는 놀이터가 되어주었다. 신발을 벗고 좀 차고 맨질맨질한 진흙땅에 발뒤꿈치를 대고 힘주어 뱅그르르 맴을 돌면 예쁜 구멍이 파진다. 운동장은 여기저기 온통 이런 우리들의 멋진 작품으로 가득 채워지곤 했다.

노는 시간이면 아이들은 잔자갈이 깔린 교실 옆에서 시끄러운 개구리들처럼 와자지껄하며 뛰어놀았다. 어렸을 적부터 친구들과 그다지 어울려 자라지 못한 탓으로 나는 줄넘기라든지 고무줄 놀이 같은 것을 할 줄 몰랐다. 그래서 늘 유리창 없는 복도의 창턱에 기대서서 노는 아이들을 내려다보며 재미있어 하는 것이 고작이었다.

그러던 어느 날, 그 조무래기들 속에 한 사람의 키 큰 이방인이 뛰어들었다. 머리는 곱슬곱슬하고 얼굴은 새카만 아주 건장해 보이는 흑인 병사였다.

한참을 아이들과 함께 뛰어놀다가 나를 발견한 그가 성큼 내게로 다가왔다. 그는 키가 컸기 때문에 마당에 있으면서도 한 팔을 내가 있는 창턱에 올려놓을 수가 있었는데, 그런 편한 자세로 나를 올려다보며 다정스레 물었다.

"넌 왜 저 아이들하고 같이 놀지 않니?"

"난 줄넘기를 할 줄 몰라. 그리고 옷이 더러워지는 게 싫어."

흑인 병사가 하는 꼬부랑 말을 알아들을 수는 없었으나 우리는 서로의 말을 잘 이해할 수는 있었다. 그는 무슨 말이든지 내게 해주고 싶은 눈치였다. 그래서인지 자기의 소맷자락을 걷어 올리고 털이 부성한 우람스런 팔뚝을 내보이며 어떤 흉터를 가리켜 보였다. 그의 까만 손가락에는 커다란 물빛 눈깔반지가 빛을 반짝이고 있었다.

"왜 그랬어?"

그는 바지 주머니에서 라이터를 꺼내 그 흉터에 갖다 대었다.

"담뱃불에 데었어?"

"그렇단다."

"많이 아팠지?"

"눈물이 나올 정도였으니까."

그는 정말로 아픈 시늉을 하면서 눈을 껌벅여 보였다.

다음날부터 그 흑인 병사는 매일 우리 학교에 놀러왔다. 그러고는 나에게 재미있고 우스운 이야기들을 많이 들려주었다. 우리 학교 밑에는 미군 부대가 주둔하고 있었는데, 알고 보니 그는 거기에 소속된 군인이었다.

매일같이 점심시간이면 찾아오던 그 병사가 며칠 모습을 보이지 않았다. 나는 검둥이 아저씨가 어디 아픈 것은 아닐까 하고 몹시 걱정되어, 복도에서 겨우 천막 지붕만 보이는 부대 쪽으로 눈길을 주곤 했다.

며칠 후에 그는 열댓 살 나 보이는 소년 하나를 데리고 나를 찾아왔다. 공부가 파해 책가방을 들고 무심히 교실을 나서다가, 내가 나오기를 기다리며 서성거리던 검둥이 아저씨를 보고는 그만 반가워 어쩔 줄을 몰라했더니, 그와 동행한 낯선 소년은 오히려 나를 보자 놀라는 표정을 지었다. 꼭 만나보고 떠나야 할 사람이 있다고 해서 누군가 했더니, 그 사람이 바로 이렇게 꼬마일 줄은 몰랐다고 하며 멋쩍게 웃어 보였다.

떠듬떠듬한 소년의 통역에 의하면 부대가 곧 이동하게 되어서 마지막으로 내게 인사를 하러 왔다는 것이다.

"난 아저씨가 그 동안 어디 아픈 줄로만 알았어. 근데 어디로 이사 가는 거야?"

"나도 모르는 곳이란다."

"이사 가도 여기 놀러 올 수 있어?"

검둥이 아저씨는 커다란 눈을 아래로 내리뜨고 고개만 설레설레 내저었다. 그런 그의 모습을 보자 갑자기 나는 알 수 없는 어떤 슬픔 같은 것이 뽀얗게 밀려옴을 느꼈다.

검둥이 아저씨는 한쪽 무릎을 땅에 대고 꿇어앉더니 내 작은 손을 커다란 그의 손으로 감싸쥐었다.

"잘 있어, 꼬마야. 그 동안 넌 내 좋은 친구였어. 앞으로 더욱 공부 잘해서 훌륭한 사람되어야 해. 알겠지?"

"응. 아저씨도 잘 가."

노리치근한 냄새를 풍기며 검둥이 아저씨는 떠나갔다. 그 이튿날 복도에서 발돋움하고 부대가 있었던 쪽을 바라보았으나 그 천막 지붕은 보이지 않았다.

그러고 나서 얼마쯤 지났을까, 우리 반으로 시든 진달래 묶음 한 다발이 나를 찾아왔다. 알고 보니 그 꽃은 검둥이 아저씨가 부대가 이동하던 날 아침, 내게 전해 달라고 부탁하고 간 것이라고 한다. 그런데 영문을 모르는 선생님이 아무 반에나 갖다 주었다가 나중에 그걸 알고 내게로 보낸 것이다.

주인을 찾아오느라고 시들어 버리기는 했으나 선생님은 그 꽃을 꽃병에 꽂으면서, 우리 나라를 위해 싸우시는 고마운 외국 아저씨를 생각하며 바라보자고 말씀하셨다.

그로부터 철이 바뀌어 봄이 찾아오면 진달래꽃 앞에서 가만히 다정했던 검둥이 아저씨의 모습을 떠올려 보곤 했다. 이름도 모르는 그 아저씨를, 검둥이이기는 했으나 기품 있어 보이고 미남이었던 그 아저씨를.

이제 그때의 나만한 딸을 가질 정도로 나이를 먹고 세월이 흘렀건만, 아직도 길에서 고수머리의 흑인 병사라도 만나면 지금은 초로初老의 신사가 되었을 그 검둥이 아저씨가 불현듯 생각이 난다.

그 흑인 병사와의 우정은 내 피란 시절의 한 삽화에 지나지 않지만, 그 색감만은 여전히 퇴색할 줄 모르고 아름답게 남아 있다. 불타는 듯한 진달래꽃 빛깔처럼 진하게.

(1975)

당신은 타인이어라

나만큼 그를 아는 사람도 드물리라.

그 음성은 작지 않으나 거칠지 않고, 침묵보다는 나뭇잎을 설렁거리게 하는 바람처럼 이야기하기를 더 좋아한다. 남이 괴로워할 때 그 음성에는 위안이 깃들고, 남이 즐거워할 때 그 음성에는 더불어 기쁨이 넘친다.

그 목소리에는 빛깔이 여럿이다. 열정의, 의분義憤의 그리고 따스한 인정의—.

아무리 숱한 목소리 가운데서라도 나는 쉽게 그 목소리를 가려 낼 수 있다. 아무리 시끄러운 잡음 속에서라도 그 음성만은 뚜렷하게 분간해 낼 수 있다. 너무도 잘 아는 음성이요 목소리이기 때문이다.

그러나 문득 그 음성이 낯설게 느껴지는 때가 있다. 그토록 오래 귀에 익은 음성이 한 번도 들어보지 못한 것처럼 갑자기 생소하게 여겨지는 것이다. 그렇게도 따스하게 들리던 음성이 그토록 차갑게 들릴 수가 없는 것이다. 그리하여 어느 날 갑자기 그 음성은 나의 마음을 얼어붙게 만들었고, 그 어느 가혹한 언어보다 더 나를 절망케 했다. 나는 정말 그 음성을 잘 알고 있었던 것일까. 그 음성은 가장 낯익으면서도 실은 가장 낯설었던 것이 아니었을까.

그 눈빛은 항상 꿈꾸듯 먼 곳을 향해 머물러 있다. 아무리 캄캄한 어둠 속에서라도 나는 그 눈빛을 환히 읽을 수 있다. 야심에 찬 집념의 눈빛, 굽히지 않는 신념의 눈빛, 그리움에서 헤어나지 못하는 연모의 눈빛, 정으로 가득한 연민의 눈빛.

그러나 문득 그 눈빛이 낯설게 여겨지는 때가 있다. 굳이 말해 주지 않아도 그 뜻을 환히 읽을 수 있었던 눈빛이었건만 무엇을 생각하고 무엇을 말하고자 하는지 전혀 짐작조차 할 수 없을 적이 있다. 나는 정말 그 눈빛을 잘 알고 있었던 것일까. 가장 잘 안다고 생각하면서도 실은 가장 모르고 있었던 것은 아니었을까.

아무리 선명하지 못한 사진 속에서라도 나는 금방 그 얼굴을 찾아 낼 수 있다. 소년처럼 억세지 않은 얼굴, 화사함보다는 그늘이 있는 얼굴, 그리고 한恨과 함께 성장한 너무나 인간적인 얼굴을.

이목구비 중에서 잘난 데도 있고 못난 데도 있으련만 어디가 잘나고 어디가 못났는지조차 알 수 없을 만큼 낯이 익어버렸다. 얼굴이 낯익으면 그 사람의 미추美醜를 가려 낼 수가 없고, 처음 보는 사람에게 하듯 하나하나를 객관화시켜 볼 수도 없게 된다. 어느덧 서로의 얼굴은 닮아져 보이는 것이며, 자신을 보듯 일체감을 지니게 된다. 내 얼굴처럼 너무나 익숙한 얼굴이기 때문이다.

그러나 그런 얼굴이 불현듯 낯설게 느껴지는 때가 있다. 지금까지 내가 알고 있는 얼굴이 아닌 것이다. 또 하나의 전혀 모르는 얼굴. 그는 본래 두 개의 얼굴을 가진 야누스가 아니었을까.

그 마음은 투명한 유리 같아서 설명은 공연한 수고처럼 여겨졌다. 그가 무엇을 말하고 싶어하고 무엇을 말하고 싶지 않은가를, 그리고 무엇을 감추고자 하는 것까지를 나는 환히 알 수 있기 때문이다.

그는 한 번도 자기의 마음을 드러내 놓은 적이 없다. 드러내기 전에 앞질러 나는 그 마음을 잘 알고 있다고 생각했다. 그의 생각이 곧 내 생각이었기 때문이다. 우리는 마음이 하나였기 때문이다. 아니, 하나이기를 희망했던 까닭인지도 모른다.

그러나 가끔 그 마음을 전혀 짐작할 수 없을 때가 있다. 어쩌면 그는 내 마음과는 전혀 다른 마음을 갖고 있을지도 모른다는 느낌이 드는 것이다. 그에게는 나와 같이 하는 마음 이외에 또 하나의 마음이 있는 것은 아닐까.

세월이 가면 갈수록 그는 두 개의 목소리, 두 개의 눈빛, 두 개의 얼굴, 두 개의 마음을 지니고 있을지도 모른다는 생각이 짙어만 간다. 그는 하나가 아니다. 내가 아는 그와, 내가 모르는 그와…. 그는 진정 누구인가.

그를 모르기 때문에, 완전하게 아는 것이라곤 하나도 없다는 생각 때문에 그가 낯선 사람처럼 여겨질 적이 많다. 낯선 그를 물끄러미 바라보고 있노라면 이제는 내가 낯설어진다. 나는 누구인가. 나는 무엇을 생각하고 있는가. 아니 그보다도 그 앞에 있는 나의 존재는 무엇인가. 내가 그를 모르듯이 나도 나 자신을 모른다. 그도 나도 모두 타인인 것이다.

타인은 결코 먼 곳에 있지 않다. 가장 가까운 곳에서 가장 가까운 사람이 어느 날 갑자기 타인처럼 여겨질 때, 그 생소함은 놀라움보다는 오히려 슬픔에 가깝다. 그리고 그에게로 향했던 마음만큼 보상처럼 떠안아야 할 허무.

정직하게 상대를 바라볼 수 있는 눈뜸, 그 발견은 어쩌면 허구로부터의 해방일지도 모른다. 해방 그리고 자유, 그것은 값진 것이다. 그러나 그 값진 자유보다 차라리 허구를 택하고 싶은 연착戀着 앞에서는 그것이 결코 환희일 수만은 없다. 자유가 오히려 슬픔일 수도 있는 것은 아픈 자각 뒤에는 어김없이 어리석은 집착이 따르기 때문이리라.

그러므로 이 자유는 그렇게 쟁취하고 싶은 자유가 아니었다. 그럴 수만 있다면 되돌려주고 싶은 자유다.

감격으로만 벅차게 받아들일 수 없는 이 힘겨운 자유 앞에서 처음으로 묻습니다. 당신은 정말로 타인이십니까.

(1979)

아름다운 손

닭집 여자는 언제 보아도 안색이 좋지 않다. 손님이 없을 때는 한길에 내놓은 나무 걸상에 걸터앉아 지나가는 사람들을 무료히 바라본다. 언제나 똑같은 옷에 똑같은 앞치마, 그리고 그 앞치마에는 언제나 핏방울이 점점이 튀어 있다. 붉은 기가 가신 그 얼룩들은 이제는 혈흔血痕이라기보다는 오히려 무슨 무늬같이 보인다. 나이는 기껏해야 서른 안팎, 아직도 앳된 구석이 있으나 핏기 없는 얼굴에는 우울한 현실의 그림자가 기미처럼 깔려 있다.

닭집 여자가 하는 일은 매일 똑같은 일이다. 하루 종일 버둥대는 닭의 날갯죽지를 틀어쥐고 칼로 목을 따고 털을 뽑고 토막을 친다. 도와주는 일손도 없어 명절 때같이 손님이 붐비는 날에는 닭집 여자의 손은 기계처럼 움직인다. 찌르고 뜯고 자르는 그 기민한 동작. 마지막 기운으로 튀어 오른 선혈이 얼굴에 피곤지를 찍어도 그는 닦으려 하지 않는다. 얼굴을 닦는 일은 중요한 일이 아니기 때문이다. 그보다는 손님 하나라도 놓칠세라 잰 손놀림으로 닭을 잡는 것만이 그의 온 관심사인 것이다.

잠시 손이 놀면 언제 끌어내어 죽일지 모르는 그 닭들에게 모이를 던져 준다. 닭들은 죽음을 기다리고 있으면서도 배추 이파리 하나라도 더 차지하려고 서로들 밀고 당긴다. 생존 경쟁은 닭장 속에서도 이렇듯 치열하다.

닭들은 잘생기고 묵직한 것부터 골라내어지게 마련이다. 못난 놈일수록 늦게까지 남고 덕분에 오래 생명을 부지한다. 불티나게 닭집에 손님이 끓던 어느 명절날, 제일 나중까지 오도카니 혼자 닭장에 남아 있던 흰 닭 한 마리가 생각난다. 탐낼 만큼 잘나지도 못하고 홰라도 탁탁 쳐서 남의 이목을 끌지도 못한 그 무능함이 어찌 닭의 세계에만 한할 것인가.

닭집 여자는 아무리 바빠도 일요일에는 반드시 외출을 한다. 모처럼 깨끗한 옷으로 갈아입고 그가 가는 곳은 인근 성당이다. 그러나 교리를 배우러 성당에 가는 것은 아니다. 그가 거르지 않고 일주일에 한 번 성당을 찾는 이유는 오로지 고백성사를 하기 위해서다.

"신부님, 아무리 미물이라곤 하지만 하루에도 수없이 살생을 하고서도 제가 벌을 받지 않겠습니까?"

신부의 대답은 굳이 들을 필요가 없다. 언제나 같은 것을 묻고 같은 답을 들어왔으므로.

그래도 그는 그 생각이 늘 가슴을 누른다고 했다. 닭의 모가지에 칼을 들이댈 때마다 그 칼이 자기 목을 누르는 것 같은 압박감을 갖는다고 했다. 그러나 그는 성호 같은 것은 긋지 않는다. 자기 일터에서 성호를 긋는 일은 어쩌면 사치라고 생각해서인지도 모른다.

처음에는 모두 그가 과부인 줄로만 알았다. 으레 남편과 아내가 도와가며 일하는 다른 집과는 달리 늘 혼자 분주해서였다. 하지만 그에게도 남편은 있었다. 남자는 달리 직장이 있는 것도 아니었다. 가게 한 편에 붙은 손바닥만한 살림방에서 그의 남편은 밖으로 나오는 법이 없었다. 조금 열려진 틈새로 안을 기웃거려 보면, 남자는 언제나 낚시 도구만 한가히 손질하고 있었다. 방 안에는 월척을 기념하는 어탁魚拓이 여러 장 걸려 있고, 그 주위로는 파리 떼가 불결하게 날아다녔다. 파리똥으로 얼룩진 자랑스러운 기록을 보면서 닭집 남자는 아마 자기 만족에 살아가는 모양이었다.

닭집 여자의 소원은 딸에게만은 이 짓을 시키지 않는 것이다. 이웃 닭집 딸처럼 자기 딸도 칼을 쥐게 될까봐 그것이 걱정이다. '딸은 어미의 팔자를 닮는다.'는 말을 그래서 닭집 여자는 가장 싫어한다. 방 안에서 홀로 여유로운 그의 남편은 어떤 소원을 갖고 있을까. 월척의 대어大魚를 낚는 것일까, 남보다 많은 고기를 잡는 것일까.

그들 부부를 볼 적마다 나는 낚시 도구를 손질하는 닭집 남자의 깨끗한 손보다는 비록 칼은 쥐어 있을지언정 그 아내의 피 묻은 손이 더욱 아름답고 값지게 여겨진다. 그의 손이 아름다워 보이는 것은 모양새가 예쁘다거나 살결이 고와서가 아니다. 그 손은 건강한 생활인의 손이며, 책임을 다하는 사랑의 손인 까닭이다.

닭집 여자의 손은 기도하는 손보다도 아름답고 성스러워 보인다.

(1979)

천사의 눈물

친구는 아기를 받아 조심스럽게 가슴에 안았다. 까만 눈동자를 동그랗게 뜨고 쳐다보던 아이는 얼굴이 낯설어서일까, 금방 울음이라도 터뜨릴 양으로 입술을 삐죽거린다.

아이도 자기를 안고 있는 얼굴이 낯설듯이, 친구도 이 조그만 생명이 낯설다. 그러나 둘은 신기하게도 빨리 동화되어 간다. 아이를 낳아 본 적이 없는 미혼의 친구는 부드럽게 아이의 등을 쓸어내리고, 아이는 이제 다른 사람들을 두리번거리며 쳐다볼 정도로 평온을 되찾았다.

하얀 옷을 입은 아기의 살빛은 건강한 혈색이 내비치어 분홍빛 그대로다. 도드라진 이마, 아기의 코라고 하기에는 너무 오뚝한 콧날, 붉은 젤리 조각처럼 보드라워 보이는 입술. 꺼풀이 지지 않은 동양적인 눈만 아니라면 이 아이는 너무도 서구적인 이목구비를 갖추고 있다.

이렇게 예쁜 아기를 낳은 엄마는 얼마나 행복하였을까. 직장에서 전화를 받고 달려온 아빠는 아내 곁에서 눈도 뜨지 못하고 잠들어 있는 아기를 들여다보며 세상을 다 얻은 것 같은 흥분에 싸였을 것이다. 자기를 쏙 빼어 닮은 아기의 볼을 손가락 끝으로 눌러 보면서, 이 아이가 걸음마를 배우게 되면 한 손에 풍선을 들려 동물원이라도 구경 갈 생각에 마음이 조급했을지도 모른다. 그리고 젊은 내외는 아기를 장래 어떤 사람으로 키울 것인가 하고 서로의 주장에 즐거운 입씨름이라도 벌였으리라.

그러나 지금 아기 곁에는 그렇게 행복해야 할 엄마 아빠가 없다. 이 너무도 예쁘고 순진무구한 천사를 감히 자식으로 받아들일 수 없는 황송함에서일까. 이 아이를 키우기에는 너무도 부끄러움이 많은 부모여서일까.

아기는 왜 제 출생이 곧 엄마 아빠의 결별을 가져오게 했는지 그 이유를 알지 못한다. 엄마가 축복 대신 아기에게 남긴 유일한 선물은 손목에 끼워진 플라스틱 팔찌의 사연.

— 생후 4개월, 성별 : 남, 이름 : 김세현 —

젖멍울도 채 풀리지 않았을 엄마의 품속에서 떨어져 나와 낯선 사람들의 여러 손길을 거쳐 이제 외국의 양부모를 찾아가는 아기. 엄마의 죄를 나누어 가지며 그늘 속에서 자랐을 이 아기가 오로지 저만을 사랑해 줄 새로운 부모를 찾아 비행기를 탄다.

프랑스 파리까지만 아기를 데리고 가는 친구가 출구에서 손을 들어 인사를 보낸다. 그 품에 한 마리 속죄양처럼 다소곳이 안겨 있는 세현이. 눈에 커다란 눈물 방울이 하나 맺혀 있다. 언제부터 그 눈물이 그렇게 매달려 있었는지 우리는 아무도 몰랐다. 그리고 모르고 있었다는 무관심이 가슴을 더욱 아프게 했다. 유리알처럼 말간 그 눈물 방울을 닦아 주면서, 내 피붙이에만 연연하는 질긴 편애 때문에 그들을 받아들이지 못하고 낯선 땅으로 보내야 하는 우리의 낡은 의식과 편협한 지성을 부끄럽게 생각했다.

친구는 자기의 발전을 위해 사랑하는 모든 사람들의 곁을 떠나지만, 아기는 머무르고 싶어도 그를 사랑해 줄 사람이 없는 이 젖줄 같은 땅을 떠나야 한다. 친구는 어려운 학문을 연구하면서 때때로 고독을 느끼게 되겠지만, 아기는 풍족한 환경 속에서 차츰 철이 들어가면서 제 얼굴이 그들과는 다르다는 이질감異質感에 부딪히게 될 것이다.

제 갈색 피부와 까만 눈동자가 주위의 흰 피부와 파란 눈동자들 속에서 부끄러움으로 여겨지기 시작하면, 아기는 이제 보드라운 솜털이 거뭇하게 억세어지는 어른으로 성장하게 된다. 그러나 슬픔도 혼자 삭여야 하고 쓰러져도 응석 대신 하늘을 보며 일어서야 하는 아기는 날로 굳세게 자랄 것이다. 그리고 그들을 버려야 했던 부모조차 사랑할 줄 아는 훌륭한 어른으로 성장하게 될 것이다.

그래서 훗날 다시 고국을 찾게 되면, 이 땅이 그들에게 베풀어 준 가난과 수모와 서러움의 기억을 털어 내고 그 자리에 참을 수 없었던 어쩔 수 없는 모국에 대한 깊은 사랑의 샘을 파게 되리라. 그들의 목마른 사랑이 깊으면 깊을수록, 그들이 아름답게 성장한 모습으로 다가오면 다가올수록, 우리의 회한은 더욱 아픈 낙인烙印으로 지울 수 없는 자국을 남기게 되리라. 하지만 우리가 그들에게 갈색 피부를 물려주었듯이, 우리가 그들에게 검은 머리카락을 심어 주었듯이, 거부할 수도 부정할 수도 없는 우리의 인연은 질기고 영원하다.

오늘도 버림받은 천사들이, 사람의 힘으로는 도저히 끊어낼 수 없는 그 인연의 줄을 끊고 이 서러운 땅을 떠나간다. 검은 눈에 둥그런 얼굴을 한 우리의 아기들이.

(1983)

차 향기 속에

일에 대한 초조함으로 마음이 무거울수록 한편으로는 여유餘裕의 자락에 매달리고 싶어지는 습성이 있다. 그래서 여기저기 널려 있는 책과 자료들을 밀어 놓고 녹차 한 잔을 한가롭게 따라 마신다.

노르스름한 찻물에서 향기가 은은히 퍼져 오르니 덩달아 한유閑裕의 즐거움이 가슴 가득 밀려온다. 친구가 어느 날 이 다기茶器를 가져다 준 뜻도 어쩌면 내게 이러한 마음의 여유를 선사하고 싶어서였을는지도 모른다.

생활은 빈한하더라도 마음만은 가멸기를 바라면서 가져다 주었을 찻그릇에 그의 우정이 따사롭게 번진다. 그 친구와의 우정을 차 맛에 비한다면 바로 이 담담한 녹차 맛과 같으리라. 우리 사이는 커피처럼 진한 자극성이 없다. 볼일이 없어도 다만 보고 싶다는 마음에 겨워 자주 만나는 그런 사이가 아니라, 잊고 지내다가도 문득 친구를 생각하면 그는 언제나 내 곁에 있음을 느끼게 해주는 그런 사이다. 그러면서도 오래 두면 둘수록 짙게 우러나는 녹차처럼 그의 우정은 날이 갈수록 그 맛을 더해간다.

커피는 진한 향기로 사람을 매료시키지만 강도强度가 깊으면 몸에 해를 끼친다. 사람도 너무 끌어당기는 힘이 강하면 끌려들어갈 때에는 그 마력에 저항할 수 없어도 나중에 생각해 보면 결코 감미로운 기억만으로 남는 것은 아니다.

그 친구와의 교유가 오래 지속될 수 있었던 것은 그의 우정이 진한 커피 냄새보다는 오히려 담백한 녹차의 향기를 닮은 탓일 것이다. 그냥 덮어 주었으면 하는 것을 그는 애써 들추어 내려 한 적이 없고, 모든 사람이 다 나를 부정한다 해도 그는 언제나 긍정하는 자세로 있어 주었다. 그는 내게 자기의 욕심을 강요한 적이 없으며, 항상 이해하려는 마음으로 사람을 편안하게 해주는 깊음은 흉내 낼 수 없는 푸근함이었다.

그는 나를 위해 울어 줄 수 있는 친구일 뿐만 아니라, 나를 위해 함께 기뻐해 줄 수 있는 친구이기 때문에 귀히 여긴다. 동정同情은 상대방을 내려다보는 연민이지만, 기쁨의 동반은 상대방을 올려다보는 사랑이다. 그러므로 동정에는 시기심이 없어도 남의 기쁨에는 어쩔 수 없이 한 가닥 시기심이 스며들게 마련이다. 그러기에 나를 위해 울어 줄 수 있는 친구는 많아도 나를 위해 진정으로 기뻐해 줄 수 있는 친구는 드문 법이다.

언제나 상음하는 것은 커피라 해도 가끔 녹차의 맛이 생각날 때가 있듯이 그러한 친구의 우정이 그리울 적이 있다. 자존이 불러들인 침체의 생활에 스스로 회의를 느낄 때, 그리고 이기利己의 빗장을 과감히 열어젖히지 못하는 자신이 부끄럽게 여겨질 때, 나는 그를 생각한다. 생각만으로도 그는 내게 위안이 되기 때문이다.

그를 생각하고 있노라면 그런 나의 마음을 알기라도 하듯 그에게서 편지가 온다. 이 바쁜 세상에 그는 언제나 정성스럽게도 봉함 편지를 보내는 그런 듣직한 친구다. 그 편지에는 전화로 하지 못한 깊은 마음이 들어 있고, 말로 하기에는 쑥스러운 우정의 고백도 있다. 그러면서도 그는 자기의 우정을 내세우기보다 내가 그의 친구임을 기뻐하는 겸손함으로 늘 나에게 부끄러움과 행복감을 안겨 준다.

커피처럼 뜨겁고 진하게 우정을 쏟아 주던 친구가 있었다. 그의 우정은 참으로 현란하고 매혹적이었는데, 왜 나는 늘 그 우정 앞에서 불편스러워했는지 모른다. 소나기처럼 정을 쏟다가 소나기처럼 정을 거두어 가버린 친구의 모습을 떠올리면서, 좋아하는 마음에도 절제라는 것이 있어야 하지 않을까 하는 생각을 해본다.

누군가 좋아하고 싶은 대상을 만나게 되면 젊었을 때는 뜨겁고 강하게 끌려 들어가는 마음을 이기지 못한다. 그래서 상대가 이성이라면 주저 없이 그 마음에 인생을 건다. 그러나 젊지 않은 사람들은 마음을 쉽게 폭발시키지 않는다. 뜨겁고 진하게 빠져 들어가는 열정이 모자라서가 아니라 그 소중한 느낌을 오래 지속하고 싶기 때문에 사랑보다 더 강한 마음으로 제동을 건다. 그러면서 앞으로 치닫고 싶은 본능을 아픔의 힘으로 끌어당긴다. 사랑에서 아픔은 갈증과도 같은 것이다. 그 아픔은 상처를 동반하는 슬픔이 아니라 사랑을 더욱 아름다운 것으로 치장하는 목마름이다. 갈증이 목마른 사람을 샘가로 이끌듯이, 사랑의 아픔은 사랑하는 사람들로 하여금 더욱 사랑으로 다가가게 하는 마력을 지니고 있다. 그러나 다가가고 싶은 마음을 이겨 낼 수 있는 것은 영원히 그 사랑이 아름다움으로 남아 주기를 바라는 염원이 있기 때문이다. 그리고 염원은 마침내 사랑을 손이 미치지 않는 환상의 위치에까지 올려놓는 기도로 승화된다. 그러다 보면 활활 타오르던 불꽃은 그 뜨거움을 안으로 삭이어 잦아들고, 서로를 삼키어 버릴 듯한 열정은 따뜻한 우정의 단계로 넘어간다.

젊지 않은 사람들이 주고받는 정情은 끈끈한 물감으로 그려지는 유화가 아니라 수묵水墨으로 그려지는 산수화와도 같다. 유화는 충만한 정열로써 모든 것을 표현하지만 산수화는 여백으로써 그 의미를 함축시킨다.

진한 향기와도 같은 열정은 젊음처럼 지속성이 없어도 은은한 암향暗香 같은 우정은 그리움처럼 여운이 남는다. 우정에

촉감이 있다면 그것은 보드랍고 섬세한 비단이기보다 오히려 질박한 무명에 가까우리라. 결이 고운 비단은 그 조심스러움에 가까이 하기 힘들어도 무명은 그 편안함에 쓰임새가 높다. 그러므로 우정은 편안한 마음자리다. 그러면서도 우정에는 날마다 나무를 들여다보고 가지의 올곧음을 살피는 원정園丁의 정성이 필요하다. 우정이라는 나무는 정성과 사랑과 그리고 또한 존경과 예의라는 미덕이 밑거름되어야 아름답게 자란다.

뜨거운 물에서 살포시 김을 빼어 맛을 내는 이 녹차를 마실 적마다, 나는 정情의 절제와 우정의 철학 같은 것을 배우는 기분이다.

(1984)

문 안에 있는 자와 문 밖에 있는 자

그들 두 사람은 마치 쌍둥이와 같다. 키도 나이도, 그리고 뺨에 볼그레한 물이 오른 홍조紅潮까지도. 여자애들처럼 갸름하고 곱살한 그 얼굴마저 너무도 비슷한 그들을 보고 있노라면, 그들 두 사람을 가로막고 있는 문이 바로 비극이라는 생각이 든다.

문 안에 있는 아이는 가끔 왜 자신이 자기와 너무도 닮은 문 밖의 아이와 날마다 힘을 겨루어야 하는지 모를 적이 많다. 맞서야 할 대상은 분명 그가 아니라는 것을 알고 있기 때문에, 서로 뒤엉켜 피투성이가 될 때에도 안의 아이는 결코 밖의 아이를 미워할 수 없는 애정을 확인하곤 한다.

때로 자기의 돌팔매에 밖의 아이가 다치기라도 하면 얼른 그에게 달려가 그를 부축해 주고 싶은 충동에 휩싸이기도 한다. 그러나 그에게 달려가고 싶은 마음을 전할 수 없는 것은 오늘 두 사람이 처한 위치가 다른 탓에 있다. 안의 아이는 얼굴을 싸안고 돌아서는 밖의 아이의 늘어진 어깨를 눈으로 좇으며 마음속으로 그 상처를 어루만진다. 그러면서 밖의 아이가 아파하는 만큼 안의 아이도 함께 아픔을 느낀다. 그리고 눈물을 삼키며 하늘을 올려다본다. 하늘은 왜 이다지도 청명한가. 하늘이 맑은 만큼 그 처연凄然함이 외로움이 되는 것을 그는 비로소 깨닫는다.

문 안의 아이는 문득 아침에 대문에서 배웅을 하던 어머니의 근심어린 얼굴을 떠올린다. 그저 묵묵히 아들을 보내던 어머니의 잔잔한 눈길을 생각하면서도, 날마다 가슴에서 일렁거리는 불길을 잠재우지 못하는 오늘의 자신이 원망스럽다. 이 엄청난 매듭을 왜 꼭 자기 손으로 풀어야 하는가. 이 땅의 동량棟梁 같은 어른들이, 용하다고 하는 의사와 무당들이, 침으로든 주사로든 푸닥거리로든 그 어떤 방법으로든 살풀이를 해주었더라면, 그는 지금 하늘만큼이나 맑은 청년의 얼굴을 하고 있었을 것이다.

문 안의 아이는 스스로 고통을 이겨 내기에는 너무 힘이 부치고, 그의 속살은 여리기만 하다. 그는 아직도 어머니의 적삼 속에서 풍겨 나오는 모정의 살 냄새를 그리워하고, 어머니가 쓰다듬어 주시는 손길에 순한 아이처럼 잠이 들고 싶다. 그러면서도 그는 날마다 분노를 배우고 항거를 익힌다. 그리고 그가 겪는 고통을 그 아무도 대신해 줄 수 없다는 것에 소름 돋는 외로움을 느끼기도 한다.

문 밖의 아이는 언제나 문 안의 아이가 걱정이 된다. 안의 아이는 자기 손아귀에 쥐어져 있는 돌멩이가 이 세상에서 가장 무서운 무기나 되는 듯이 곧잘 내휘두르지만, 밖의 아이는 그보다 더 큰 것을 갖고 있기에 늘 안의 아이를 염려한다. 안의 아이들이 닫혀진 문을 향해 달려나올 적마다 밖의 아이들은 안타까운 마음으로 그들을 바라본다. 안과 밖의 경계가 허물어질 위험이 있다고 생각하면, 어쩔 수 없이 그들이 가진 것보다 더 크고 무서운 것을 안으로 집어던진다. 그러면서도 그들이 그것에 다치지 않도록 안에서 달아나는 아이와 똑같이 밖의 아이는 마음속으로 달음박질을 한다.

밖의 아이들이 가장 우려하는 것은 이 지루한 줄다리기에서 그들을 미워하는 마음이 생기지 않을까 하는 점이다. 떼밀고 막는 이 이질적인 역할을 수행하면서 그들은 문 안과 문 밖에 있다는 위치상의 차이만 다를 뿐, 마음은 수시로 그 물리적인 경계선을 넘나들고 있음을 알려 주고 싶을 때가 많은 것이다.

문 밖의 아이는 날이 새면 안의 아이를 찾아와 멀찌감치 마주 보고 앉는다. 안의 아이가 땅에 그림을 그리고 있으면 밖의 아이도 따라 그렇게 하고, 안의 아이가 양지쪽에 앉아 차분히 책을 들여다보고 있으면 밖의 아이도 같이 책을 펴든다. 그러다가 그것이 무료해지면 책 속에 코를 묻고 잠이 든다.

꿈속에서 그는 어린 아내를 만난다. 그 아내는 저녁마다 남편이 성한 몸으로 돌아오기를 간구한다. 때린 자도 미워할 수 없는 이 아내는 남편의 상처를 눈물로 닦아 내며 역사의 하루하루를 함께 겪는다. 이 아내에게 꽃보다도 보석보다도 값진 선물이 있다면, 그것은 남편이 성한 몸으로 돌아오는 것이리라.

밖의 아이는 꿈속에서 안의 아이와 손을 잡는다. 둘은 서로의 손이 똑같이 따습다는 것에 놀란다. 그리고 그들은 얼싸안으며 함께 울기도 한다. 꿈속에서만 안아보는 우정이 서럽고, 그들이 똑같이 젊다는 것이 슬프며, 그들 사이를 가로막고 있는 문이 존재함을 원망스러워한다. 그러나 현실은 그들이 포옹을 하기에는 너무 거리가 먼 대신, 같이 눈물을 흘리고 함께 역사의 한 조각을 밟고 서 있는 공간을 허락하였다. 무엇을 위하여 그들은 날마다 울어야 하는가.

문 안의 아이가 문 밖의 아이를 부르듯이 비명을 지른다. 목은 터져 각혈이 되고, 그것은 드디어 몸에 파란 불꽃을 당긴다.

문 안의 아이는 이제 붉게 타오르는 하나의 꽃이 되었다. 젊기 때문에 그 꽃은 아름다웠고, 젊기 때문에 그 향기는 짙었다. 젊기 때문에 그 꽃은 슬픔이었고, 젊기 때문에 그 꽃은 통곡이었다.

그 꽃 앞에 문 밖의 아이는 무릎 꿇어 우정의 눈물을 바친다. 지금 그가 흘리는 눈물에는 어떤 의미가 있는가. 지금 그가 흘리는 눈물 속에도 이질적인 요소가 있을 수 있는 것일까.

꽃은 영원히 아름다워야 하고, 눈물은 영원히 순수해야 한다.

아, 꽃이여, 눈물이여, 시대여.

그리고 그리스도를 무릎 위에 안은 피에타, 그 영원한 모성母性이여, 한국의 어머니여.

(1985)

엽서를 보내는 마음으로

— 나는 왜 수필을 쓰는가 —

내 삼십대 초반은 실의에 빠져 칩거의 나날을 보내던 암울한 시기였다. 이 암울은 그 이전의 결과에서 비롯된 것이나, 좌절은 그 이후에 서서히 나를 무기력으로 탈진시켜갔다.

날마다 나는 생이 거기에서 끝나 버리는 것 같은 절망과 실패에 대한 회한悔恨 속에서 언제까지고 헤어나지를 못하고 있었다. 그러던 어느 날, 고치에서 빠져 나오듯 나로부터 해방되는 변화를 맞이하였다. 그것은 새로운 전기轉機였다.

'기요메'는 불시착한 안데스 산맥에서 그의 생사를 몰라 애태우는 사람들을 위해, 자기 자신이 구조자가 되어 한 발 한 발 그들에게로 다가갔었다(생텍쥐페리, ≪인간의 대지≫). 그가 얼어터진 발꿈치가 들어갈 수 있도록 구두 뒤축을 수없이 잘라 내며 필사적인 행군을 할 수 있었던 것은, 사랑하는 사람들에 대한 애정이 죽음보다 강했기 때문이다.

문득 기요메가 떠올랐다. 나도 어디선가 내가 재기하기를 바라는 사람들에게 나의 건재함을 알려야 한다. 그들에게 내 생명의 손짓을 보내야만 한다.

사랑보다 더 깊은 연민으로부터 그들을 구제해야 할 사람은 그 누구도 아닌 바로 나 자신임을 깨달았다. 그리고 그들을 구제함으로써 나 또한 구제받을 수 있으리라는 생각이 날카롭게 내 미망迷妄을 흔들어 놓았다.

"나, 여기 이렇게 살아 있습니다."

맑은 정신으로 이 한 마디 말을, 나는 장문의 봉함 편지가 아닌 한 장의 엽서에 띄워 그들에게 보냈다. 내 엽서, 그것은 곧 수필과의 만남이었다. 타인에 대한 사랑과 자신의 구원을 위해서 나는 이렇게 수필을 시작하였고, 거기에 나의 정신을 걸었다.

수필은 깃발이었다. 내 존재를 알릴 수 있는 훌륭한 표적처럼 수필은 언어의 깃발이 되었다. 나는 그것에 열정적으로 빠져들었다. 그것의 바탕도, 그것의 빛깔도, 그 생김새도 돌아볼 여유가 없이 다만 깃발은 휘날리는 사명만을 지니고 있었고, 나는 그것에 도취했다.

그러나 알리고자 하는 조급증이 조금씩 해갈되어가자, 그제야 비로소 깃발의 모습이 눈에 들어오기 시작하였다. 그것은 아름답지도 않았고, 힘차지도 않았다. 나는 여태껏 그냥 보아도 부끄러울 자신의 모습을 높이 치켜들고 흔들어대는 어리석음에 도취되어 있었던 것이다.

그런 습작들을 통해서 얻은 것이 있었다면, 글을 대하는 자세에 비로소 조심성을 지니게 되었다는 것이다. 그러다 보니 그 조심성은 쓰고자 하는 의욕마저 쇠잔시켰고, 마침내 수필은 "서른여섯 살 중년 고개를 넘어선 사람의 글"(피천득, 〈수필〉)이라는 문구에 자위하듯 침잠해버렸다. 서른여섯이 되면 문장도 닦이고 생각도 무르익어 놀라운 작품을 써낼 수 있는 기적이라도 올 것 같은 기대 속으로 나는 도피하고 말았다.

오랜 휴식은 점차 자신감을 부식해갔고, 대신 두려움을 안겨 주었다. 마침내 한 줄의 글도 쓸 수 없게 되었다. 수필은 이제 나를 구원하는 깃발이 아니라 나를 구속하는 질곡桎梏이었다.

그 속박에서 또다시 벗어나고 싶었다. 그러나 그것에서 벗어날 수 있는 길은 그것에 다시 열중하는 길밖에 없다는 모순에 부딪히고 말았다.

서른여섯은 아무런 기적도 동반하지 않은 채 다가왔고, 나는 더 이상 들어앉아 있을 구실을 찾아내지 못하였다. 어느 사이 나는, '수필'이라는 항구를 향해 떠나는 배 위에 다시 올라와 있었다.

기적汽笛이 울렸다. 내 등을 밀어 올린 그 손으로 사람들이 손을 흔든다. 처음에는 내가 그들을 구원하기 위해 다가갔던 것이, 이제는 그들이 나를 구원하기 위해 내게 격려의 손짓을 보내고 있다. 그들을 위해서 나는 출발해야 한다. 그들을 위한 출발, 그것은 수필과의 재회再會였다.

그래서 내 수필에는 인연이라는 것이 중요한 제재題材로 다루어진다. 그리고 내 수필은 자연에서보다 인간에게서 정과 아름다움을 찾으려고 노력한다. 인간에 대한 이 끈질긴 사랑을 통해서 나는 구원과 절망을 동시에 얻는다. 환희하고 상처받고 후회하면서도, 내 관심은 그들을 빗겨갈 수가 없다. 그들은 바로 나 자신이기 때문이다.

수필을 두고 흔히 '붓 가는 대로' 쓰는 글이라고 한다. 그러나 나는 수필을 그렇게 써 본 적이 없다. 언제나 내 글에는 긴장이 겉으로 내비친다. 글 속의 내 표정은 스냅 사진의 그것이 아니라 증명사진을 찍을 때의 모습과 같다. 노력한 흔적이 겉으로 드러나 읽는 이로 하여금 부담감을 갖게 한다면, 그것은 역작이라기보다 미숙未熟이라 하는 편이 적합할지 모른다. 붓 가는 대로 쓸 수 있고, 그렇게 편안하게 읽히울 수 있는 글을 쓰기란, 글도 인격도 모두 원숙의 경지에 들어선 사람만이 가능할 수 있으리라.

내가 쓰고 싶은 수필은, 수필을 격하시키고자 하는 의미로 많이 씌어지는 그 붓 가는 대로 '쓴 것 같은' 수필이다. 붓 가는 대로 써 버린 글이 아니라 붓 가는 대로 쓴 것 같은 수필을 쓰기 위해서는, 유치한 센티멘털리즘과 속기俗氣를 삭혀야 하고, 또한 기교보다는 평범해 보이는 문장 속에 옥돌을 심는 차원 높은 멋이 있어야 할 것이다.

내가 수필에서 시도하고 싶은 것은, 수필의 서정성에 현실 참여적인 시각을 접목接木시키는 일이다. 그리고 거기에 지성의 꽃을 피워 올리는 것이다.

이것은 욕심이다. 좋은 수필을 쓰려면 먼저 이런 욕심부터 버려야 한다는 것을 알고 있다. 수필이란, 글보다 마음을 닦아야 하는 문학이기 때문이다.

속이 꽉 들어찼으면서도 비어 있는 듯이 보이는 글. 열정을 품격으로 삭여 낼 줄 아는 글. 약해 보이나 무력하지 않은 글. 번설煩說로써가 아니라 아름다움으로써 감동을 주는 글.

또 욕심을 부리자면, 나는 그런 수필을 쓰고 싶다.

(1985)

흙

어머니는 가끔 다리가 아프시다고 한다. 앉아 있으면 일어서기가 힘들고, 서 있으면 구부리고 앉기가 힘이 드시는가 보다. 그러나 나는 어머니가 얼마나 아픈지 잘 모른다. 어머니가 자식을 키우실 때는 넘어져 살갗만 벗겨져도 가슴이 아렸을 텐데, 자식인 나는 어머니의 아픔이 절실하게 내 아픔으로 와 닿지 않는다.

운동이 부족한 탓인가 싶어 뒷산 약수터에라도 오르셨으면 하지만, 그러기에는 너무 연로하시다. 온종일 집안 일로 잔걸음을 치시는 것은 운동에는 아무 도움이 되지 못하는 모양이다.

아들이 맨발로 흙마당을 거니시라고 일러드렸다. 요즘 침술에 취미를 붙인 그의 말에 의하면, 사람의 머리로 스며들어온 천기天氣가 땅으로 흘러갈 길이 없어서 병이 생기는 것이라고 한다. 그래서 시멘트 바닥을 밟고 비닐 장판을 깔고 사는 현대인은 예전에 흙바닥에 짚자리를 깔고 지내던 시절보다 병이 많은 것이라고 하였다. 잘은 모르겠지만, 만병의 근원을 동양 의학적인 면에서 간단하게 줄여 붙인 이 말이 왠지 그럴싸하게 들린다.

어머니는 아들의 권고에 따라 두어 번은 그리하셨던 모양이다. 그러다가 곧 그만두셨다. 맨발로 흙을 밟고 서성거리는 당신의 모습이 행여 남의 눈에 노망난 늙은이로 비칠까 봐 걱정이 되었던 것이다. 오랫동안 흙과 더불어 살아오신 분이지만, 이제는 흙을 밟는 일조차 이상하게 여겨질 만큼 흙과는 멀리 계시는 때문이기도 할 것이다.

큰언니가 서울을 떠나 연고緣故도 없는 시골에 터를 잡고 산다. 집 주위로는 텃밭이 있다. 제대로 농사를 짓기에는 면적이 적고, 취미로 밭을 가꾸기에는 힘에 부치는 그런 땅뙈기다.

모처럼 호미질이 하고 싶었다. 예전에 우리 집에서 농사를 지을 때는 내가 호미를 쥐기에는 너무 어렸다. 뜨거운 뙤약볕에서 베적삼이 등가죽에 들러붙도록 땀을 쏟으며 동네 부인들이 나란히 앉아 김을 매었다. 그때 햇볕은 너무 뜨거워 현기증이 일 정도였고, 미루나무 잎사귀 하나 움직이지 않는 폭염 속에서 일하는 사람들의 등허리에서는 단내가 피어올랐다. 그 옛날의 더위는 참으로 끔찍하였다.

사치스럽게도 손이 망가질 것을 염려하여 목장갑을 찾아 끼고, 대단한 연장이라도 되듯 단단하게 호미 자루를 쥐었다. 마침 참외 덩굴을 거둔 터라, 나는 그 남새밭을 혼자 일궈 보기로 하였다. 어머니 생각을 하여 신발을 벗고 싶었으나, 작은 벌레들이 꼬물거리고 다니는 바람에 그것은 마음뿐이었다.

땅은 너무 비옥했다. 푸근푸근한 땅에서는 뜨거운 김이 후끈 솟아올랐다. 쇠똥 냄새 같기도 하고 부엽토 냄새 같기도 한 것이 후텁지근하게 피어 올랐다. 이것을 일러 흙 냄새라고 하리라.

밭에 호밋날을 처음 내려찍을 때는 마치 바다에라도 뛰어드는 듯이 긴장이 되었다. 그러나 호미 끝에 닿는 그 탄력은 저항이 아니라 수용의 의미를 지니고 있었다. 대지는 여인이었다. 이 여인 같은 대지는 몸 깊숙이 씨앗을 받아 생명을 수태受胎할 것이다. 그러나 그것이 제대로 자라기 위해서는 알맞은 습기와 햇빛이 있어야 한다. 그것은 하늘이 내려주는 여인에 대한 사랑 같은 것일지도 모른다.

자잘한 풀을 뽑고 잔돌을 골라낸다. 허리가 뻐근해지면 가끔 일군 밭을 뒤돌아본다. 내 입가에는 절로 흐뭇한 미소가 피어난다. 자기의 땅을 바라보는 농부의 미소도 아마 이와 다르지 않을 것이다.

처음보다 한결 일손이 익숙해졌다. 다리로 기어오르는 작은 벌레들이나 고구마 줄기처럼 굵은 밭지렁이조차도 이제는 놀라지 않고 한옆으로 밀어낸다. 마침내 밭 한 두락을 일구었다.

내 딴에는 반듯하고 고르게 되었을 듯싶은데, 돌아보니 길쭉한 밭은 한가운데가 휘었다. 마치 좋은 글을 한 편 쓴 듯싶었는데, 활자로 나온 것을 보면 흠이 확연히 눈에 띄는 것과도 같다. 또 별로 험한 삶을 살아오지 않은 것 같은데도, 어느 날 문득 지난날을 돌아보면 꽤 많은 곡절이 있었음을 새삼 깨닫게 되는 것과도 같다. 글을 쓸 때나 인생을 살아갈 때나, 언감생심 완벽까지야 바랄 수는 없었다 하더라도 크게 부끄럽지나 말았으면 싶었다. 그러나 뒤돌아보면 그것은 언제나 거치적거리는 돌멩이들처럼 후회와 부끄러움 투성이었다.

우리는 그 채전에 김장배추를 심기에는 일러 들깨 모종을 얻어다 심었다. 마음 같아서는 똑 고르게 열을 지어 심고 싶었는데, 그것도 다 심고 보니 엎어지고 잦혀진 아이들의 신발짝같이 무질서하기만 하였다.

지나가던 농부가 우리 일에 참견을 한다. 지금 심으면 깨는 수확하기 어렵다고 하면서, 모든 식물은 절기節氣를 맞추어 심어야 한다고 일러 주었다. 그는 흙을 만지면서 자연의 섭리를 터득했을 것이다. 씨를 뿌려야 할 때와 거둘 때를 알게 되면서부터, 그는 자연에 순응하는 슬기를 함께 배웠을 것이고, 모든 근원은 흙에서 비롯되는 것과 마찬가지로 모든 결과는 흙에 귀속된다는 진리를 겸손과 외경畏敬으로 깨달았을 것이다. 자연은 순박한 농부를 철인哲人으로 만들어 주기에 충분한 스승이지 않았을까.

깨 모종을 끝내고 나니, 두 팔이 햇볕에 빨갛게 익어버렸다. 그리고 입술에는 어느 사이 뾰루지가 하나 솟아 있었다. 그것도 일이라고 힘에 겨웠던 탓이 아니라, 흙의 입맞춤처럼만 여겨져 달콤한 여운마저 감돌게 하였다.

우물에서 차가운 물을 뒤집어쓰며, 온몸의 흙을 깨끗이 씻어 내었다. 평소에는 어머니가 계시다는 그 자체만으로도 더없는 축복 속에 살고 있음을 미처 모르듯이, 나는 다시 흙의 소중함을 잊고 지내게 될 것이다.

그러나 소중한 것을 잊고 지내는 것이 어디 흙에만 한하랴. 잃어버리고 나서야 그것의 귀함을 느끼게 되고, 아픔을 겪고 나서야 조그만 행복들이 실은 얼마나 홍복洪福이었던가를 비로소 깨닫게 되는 우리이지 않은가. 참으로 둔하고 어리석은 구석이 많은 사람인지라, 우리네 인생사에는 희비와 득실得失이 끊이지 않고 엇물려 돌아가는지도 모를 일이다.

그날 밤, 나는 꿈속에서도 흙을 파고 모종을 심었다. 몸은 곤했지만 마음은 더없이 편안한 하루였다. 사람이 흙 속에 누워 영원한 잠을 잘 때에도 이렇게 편안할까 싶을 정도로 안온安穩한 여름 밤. 한줄기 달빛이 잠자는 연인을 훔쳐보는 여신처럼 나를 들여다보고 있었다.

(1985)

덕수궁 돌담길
발소리
겨울산에서 시작하리라
떠나보내야 하는 계절
산길이 보이는 창窓
있음의 흔적
외길의 고독 그리고 아름다움
불빛 따스한 방
하얀 진달래

덕수궁 돌담길

덕수궁 돌담길은 예전 그대로였다. 담이 새로 돌로 바뀌고, 그 길을 지나는 연인들에게 사랑의 통행세라도 받으려는 것처럼 당당하게 손을 내밀던 거지 노인이 없어진 것 말고는.

이 길은 여전히 한산하고 정적靜寂하다. 날마다 지나는 대상이 바뀌는 이 길은 그들의 사랑의 역사를 소중하게 안아 간직하고 있다. 어둠 속에서 흑단黑檀처럼 보이는 나뭇가지에 달이 빗겨 있는 밤이면, 사랑하는 사람들은 이 길에서 처음으로 수줍게 손을 잡고, 처음으로 떨림 속에서 서로의 마음을 허락한다.

그러한 연인들이 나이 들어 문득 옛날의 사랑을 만나보고 싶어질 때면 성지聖地처럼 다시 찾아오는 이 길. 다만 옛날에는 둘이었건만 다시 올 때는 혼자라는 것이 다를 뿐이다.

혼자서 화려한 추억이 숨쉬는 이 길을 찾아오는 사람들은 그 아름답던 날들의 기억이 새삼 잊고 있었던 상처처럼 아픔으로 와 닿는다. 둘이서 걸을 때는 좀더 길었으면 하는 아쉬움으로 몇 번이나 이 길을 바장이었건만, 혼자서 걸어 보면 결코 짧지 않은 길임을 알게 된다. 둘이서 걸을 때는 그 발자국 소리가 듣기 좋은 하모니가 되어 귓가에 맴돌았건만, 혼자 걸어갈 때의 그 소리는 공허한 음향으로 가슴에 파고든다.

예전에는 나란히 걷기에도 비좁은 듯 어깨를 포개어 걸었던 이 길이, 혼자 걸을 때는 왜 찬바람이 일 정도로 넓게만 여겨지는 것일까. 예전에는 이 세상에 오직 자신만이 존재하는 듯 아무에게도 관심이 없었건만, 혼자 걸을 때는 이 길에 왜 이다지도 정겨운 사람들이 많아 보이는 것일까.

저만치서 긴 머리를 내려뜨린 이십대의 내가 걸어온다. 모든 것이 햇살처럼 빛나던 그때, 어느 화가는 긴 담을 배경으로 사진을 찍어 주었다. 무엇이 그리 즐거웠을까. 우리는 이 유화 같은 길을 웃음으로 덧칠하면서, 한 폭의 추억을 가슴에 새겨 담았다. 그 날의 내 모습은 지금 보아도 아름답고 싱그럽다.

휘적휘적 앞서서 걸어가던 한 시인의 모습이 밟힌다. 고독 속에서 끝내 보통의 삶을 이어 가지 못한 그는, 언제나 앞서 가던 걸음만큼 먼저 세상을 버렸다. 석양을 뒤로 한 채, 온몸에 노을 같은 불길이 일었다는 그가 사라지고 없는 지금에도, 그가 남긴 노래는 이 길을 지나는 연인들의 입에서 생명의 불꽃이 되어 살아 있다.

긴 머리가 중간 길이로 짧아진 삼십대의 내가 걸어온다. 내 길도 남의 길도 아닌 혼돈 속에서 분복分福대로 살아가지 못하는 내 인생이 걸어온다. 언젠가 법원 앞에서, 닫혀진 장소로 떠나는 버스 속의 그에게 손을 흔들어 주고 오던 날, 이 길에는 마음만큼이나 바람이 일었다. 그때 이 길을 넘어오면서, 목이 아플 만큼 올려다본 하늘에는 덕수궁의 허니문 카가 덩그렇게 걸려 있었다. 그가 다시 세상 밖으로 나왔을 때, 나는 그 날의 보상이기라도 한 듯 둘이서 그 허니문 카를 탔다. 그러나 그 날 혼자 그 길을 걸어왔던 그 절절한 외로움은 조금도 보상받을 수가 없었다.

짧은 머리를 한 사십대의 내가 걸어간다. 조그만 틈서리도 없이 완벽하게 자리잡고 있지도 못하면서, 언제나 마음 구석진 곳에 낮달처럼 걸려 있는 한 존재를 잊어 보기 위해 이 길을 다시 걷는다. 그를 잊기 위해 또 다른 사람과 어깨를 나란히 하여 걸으면서, 그가 아닌 다른 사람을 받아들일 수 있을 것인가를 시도試圖해 본다. 그러나 그 한 부분이나마 마음속에서 완전하게 비워 낼 수 없음을 확인하고 오던 날, 이 길은 숙명宿命이라는 것을 생각하게 해주었다.

오십대의 나는 또 어떤 갈등으로 이 길을 찾아들 것인가.

(1985)

발소리

한꺼번에 두서너 계단을 성큼 뛰어오르고 내리는 발자국 소리가 수선스럽다. 나이 어린 소년들이 잉크 냄새를 풍기며 집집마다 아침을 배달하는 소리다.

등교를 하는 아이들의 작은 운동화 소리가 건반을 퉁기듯 계단을 굴러 내려온다. 그 뒤를 이어 명쾌한 하이힐 소리가 지나가고 이번에는 묵직한 가장들의 발자국 소리가 배웅에 답하듯 길게 여운을 남긴다.

그러고 나면, 아파트 복도에는 잠시 고요가 내려앉는다. 외부와의 차단이라는 본연의 구실을 제대로 해내지 못하는 내 아파트의 벽은 이렇게 시간마다 그 임자가 같지 않은 발자국 소리를 안으로 묻혀들인다.

한번도 그 소리와 임자를 꿰맞추어 확인해본 적은 없으나,

나는 그 발소리만 들어도 그들의 성격과 용모까지 미루어 짐작할 수가 있다. 성미 급한 사람의 허둥거리는 발소리, 침착한 사람의 묵직한 걸음새, 다리 힘이 붙지 않은 아기들의 뒤뚱거림, 그리고 바닥을 시끄럽게 때리는 여자들의 슬리퍼 소리. 거기에다 우유를 배달하는 사람과 행상들의 조심스러운 발소리까지. 이 잡박한 소리들에 짜증보다 친숙을 느낄 만큼 내 신경은 이제 관대하게 타협되어 있다.

저녁이 되면 조용하던 복도에는 어스름과 더불어 서서히 열기가 인다. 날마다 사랑을 식탁에 옮겨 심는 주부들이 장에서 돌아오는 수런거림은 하루가 끝나가고 있음을 알리는 만종晩鐘의 소리와도 같다.

아침에 나갔던 발자국들이 그 소리에 무거움을 얹고 하나 둘 돌아오기 시작한다. 그러나 아침에는 거의 같은 시각에 밀려나갔건만 저녁에는 돌아옴이 일정하지 않다. 아침에는 그 발소리에 활기로운 바람이 일었으나, 저녁에는 구두 코에 먼지가 앉듯 피곤이 묻어 있다. 아침에는 남보다 먼저 하루를 시작하려는 의욕으로 계단을 두어 걸음씩 뛰어내려갔건만 밤에는 그 하루를 보내기 아쉬워서일까, 계단을 선뜻 오르지 못하고 제자리만 자꾸 헛디디는 취한 가장들도 있다.

새벽 한 시 두 시까지도 돌아오는 발자국 소리는 끈질기게 이어진다. 이것도 일종의 귀소본능歸巢本能일까. 떠나왔던 곳으로 되돌아가는 의지 이전의 본능. 그 본능은 때로는 빗겨가고 싶은 유혹까지도 이겨 내면서 발소리를 앞세우고 돌아온다.

초인종 소리. 문이 열렸다 닫히는 소리. 발소리를 맞아들인 문은 그를 기다리던 때의 그 다소곳한 자세로 돌아갔으리라. 그러나 이 중에는 돌아오지 못한 발소리도 있을 것이다. 그 발소리의 임자는 지금 이 시각, 어디를 헤매고 있을까. 방황은 아름다운 빛깔로써 그 육체를 싸안아도 정신까지 그것에 잡아 두지는 못한다. 귀로에서 일탈된 죄의식, 돌아가야 한다는 이성에 따르지 못하는 갈등, 그리고 돌아가는 길이 점점 더 멀어지는 것 같은 왠지 모를 소원疏遠함.

잠시 곁길을 돌던 발소리는 본능과의 싸움에서 탈진한 상태로 새벽녘에 찾아든다. 하루에서는 새벽이나 인생에서는 황혼과 같은 시각이다. 그 발소리는 문 앞에서 수없이 그가 돌아왔음을 알리고 섰다. 문이 열리려면 얼마나 많은 노력을 기울여야 할 것인가. 빗겨 가다 돌아온 거리만큼 그는 밖에서 떨며서 있어야 할 것이다. 이제 마음의 추위는 안에서 기다리던 사람으로부터 밖의 사람에게로 옮겨갔다.

영원히 열리지 않을 것 같던 문이 고향처럼 그를 맞아들인다. 고향에는 돌아온 사람을 거부할 수 있는 소임이 주어져 있지 않다. 그래서 고향은 상처 난 사람은 상처 난 그대로, 지친 사람은 지친 그대로 감싸안을 수밖에 없는 것이다.

내 아파트에는 언제나 닫혀 있는 문 하나가 있다. 그 닫혀진 문은 모든 것을 거부하는 듯이 보이나, 실은 모든 것을 받아들이고 싶은 갈망을 침묵으로써 대신하고 있는지도 모른다. 그 닫혀진 문 속의 사람에게도 돌아올 발소리를 기다리는 염원 같은 것이 있을까. 그 닫혀진 문 속의 임자 자신은 어디로 돌아가야 한다고 생각하고 있는 것일까. 지나쳐 가는 발소리가 문 앞에 와 우뚝 멈추어 설 것 같은 착각 속에서, 그가 날마다 칠하고 지우는 마음의 빛깔은 어떤 것일까. 내 아파트의 발소리들은 하나도 다른 길을 에우지 않고 돌아왔을 것 같은 바람이 축복이 된다면, 나는 이것을 그 닫혀진 문의 임자에게도 나누어 주고 싶다.

날이 새려면 아직도 멀었는데, 벌써 작은 발자국 소리가 밖의 정적을 조심스럽게 가른다. 아침 새가 아무도 딛지 않은 곳에 첫 발자국을 찍듯, 그 소리들은 제일 먼저 생활의 리듬을 계단에 찍고 내려간다. 아파트 복도가 서서히 깊은 잠에서 깨어난다. 또 하루가 시작되려는 모양이다.

그러면 나는 밤새 불을 밝히고 있던 등불을 끈다. 드디어 탈고脫稿를 한 것이다.

(1985)

겨울산에서 시작하리라

겨울산을 오른다. 봄은 봄대로, 여름은 여름대로, 또 가을은 가을대로, 산은 저마다 다른 개성을 지니고 있다. 그러나 그 어느 절기의 산보다 겨울의 산은 독특한 매력으로 나를 이끈다.

겨울산에 서면, 늘 나는 내 육체가 서서히 비어감을 느낀다. 잎사귀를 떨어 내고 가지로만 서 있는 나목裸木처럼, 내 몸의 살과 피가 그대로 몸 밖으로 빠져 나가는 듯한 착각이 인다.

있는 그대로의 자신을 당당하게 드러내고 있는 겨울나무는 그 추위 속에서도 굳건히 버티고 섰다. 그것은 그 몸에 끊이지 않고 도는 수액樹液이 있기 때문이다.

겨울산에서 나는 한 그루 나목이 된다. 그리고 나무의 수액과도 같은 나의 정신과 만난다. 좀더 일찍 그것과 마주하지 못한 것은, 나무의 무성한 잎들처럼 내 정신을 덮어 가리는 그 현란한 위선과 가식으로 해서였다. 그것은 지나치게 화려한 옷을 입은 사람을 보면 그의 참모습이 제대로 분간되지 않는 것과도 같고, 교양이란 이름으로 지나치게 자신을 가리고 있는 사람을 보면 그의 본질이 확연히 파악되지 않는 이치와도 같다.

겨울산은 이 모든 가식假飾을 벗겨 낸다. 그리고 알몸과 같은 순수로 정신과 만나게 한다. 정신이 번쩍 들 만큼 차가운 공기 속에서, 나는 그것을 생생히 느낄 수 있다. 겨울산은 나와 정신을 만나게 해주고, 또 그것을 정화淨化시켜 주는 종교와도 같다. 내게 산은 바로 거대한 교회인 것이다.

겨울산에서 하늘을 올려다보면, 저절로 눈에 눈물이 돈다. 조금도 슬픈 것은 아닌데, 그냥 눈물이 고인다. 차가운 공기가 눈을 씻어 주기 때문이다. 눈뿐만 아니라 폐부도 씻어 내준다. 그것은 가슴이 아린 명징明澄이다.

마음을 가리고 있던 혼탁한 꺼풀이 벗겨지니, 눈이 맑아진 만큼 마음도 맑다. 맑은 눈을 가지고 있어야 맑은 마음을 지닐 수 있고, 맑은 마음을 지니고 있어야 사물을 바라보는 눈도 맑을 수 있다. 눈과 마음은 하나이기 때문이다. 겨울산은 눈을 맑게 해주는 정수淨水와도 같다. 내게 산은 바로 거대한 샘물인 것이다.

겨울산에서 나는 고행하는 수도자처럼 걸음을 옮긴다. 추위로 다리는 뻣뻣하지만, 돌아갈 수 없으므로 산을 오른다. 오르지도 않고 돌아갈 요량이었다면, 처음부터 산에는 오지 않았어야 한다. 올라가야 한다는 한 가지 목표가 있기에 나는 추위를 가르고 걸을 수 있는 것이다. 비록 그것이 힘들고 험한 길이라 해도, 목표가 있는 도정道程은 언제나 즐겁다. 힘껏 노력은 했으나 역부족으로 목표에는 달하지 못한다 하더라도, 그것을 향해 가는 과정은 보람이 있다. 인생은 과정이다. 내가 살아 있는 한 그 인생의 끝을 내가 볼 수는 없기 때문이다.

그러다 보면, 그 힘든 길이 차츰 익숙해진다. 견디기 어려운 수도자의 삶이 자신에게는 알 수 없는 기쁨이 되는 것처럼, 처음에는 돌아가고 싶었던 후회가 나중에는 떠나오길 잘했다는 흐뭇함으로 바뀌어 간다. 추운 겨울에 산에 가는 마음을 이해할 수 없는 사람들은, 그 어려움이 즐거움으로도 변할 수 있는 승화의 과정을 이해하지 못한다. 겨울산은 엄격함을 요구하는 수도원의 규율과도 같다. 그러나 그것은 보람과 즐거움으로 나아가는 높은 경지의 고행苦行이다.

겨울산에서 산정山頂에 서면, 나는 다시 출발점에 와 있음을 느낀다. 정복征服이라는 단어를 누가 감히 이 자리에서 쓸 수 있었을까. 내가 오른 정상은 또 하나의 시발점일 뿐이다. 언제나 종착지와 시발점은 한 곳에 있는 것. 그러므로 왔으면 떠나야 하고, 떠났으면 돌아와야 한다. 봉정峰頂에서 산 너머 산이 있고, 또 그 산 너머 산이 있음을 바라보고 있으면, 하나의 끝이 결코 모든 것의 끝이 될 수는 없음을 느끼게 된다. 그리고 하나의 성취에 자족하여 안주安住하기에는 가야 할 길이 너무 많이 남아 있음도 알게 된다.

그러므로 산은 언제나 야망을 불러일으킨다. 그러나 함께 겸손을 배우도록 일깨운다. 산은 쉼없이 도전해 오도록 손짓한다. 그러나 더불어 오만傲慢을 허락지 않는다. 산은 처음과 끝이 하나로 맞닿아 있음을 가르쳐 준다. 그러나 작은 성취도 그 가치를 소홀히 하지는 않는다. 그 하나의 성취가 있음으로 또 다른 성취를 이루어 낼 수 있는 까닭에. 산의 정상은 그리하여 또 하나의 시발점이나 같다. 그러나 그것에 오르지 못한 사람에게는 까마득히 먼 최종 목표일 뿐이다.

겨울산을 내려온다. 내려오다 문득 뒤돌아보니, 산은 언제나 그렇듯 그 곳에 서 있다. 다만 그 곳에 오르는 사람들만이 바뀌어져 갈 뿐이다. 산은 그저 산에 지나지 않는다. 다만 그 곳에 오르는 사람들만이 거기에다 많은 의미를 부여하고 싶어 할 뿐이다. 인간보다는 영원한 것이기에, 그 앞에서 유한有限의 가치도 생각해보고 싶은 것이다.

하루는 아침에서부터 열리고, 일년은 정월서부터 시작된다. 그러나 겨울산에 오면 나는 언제나 다시 시작한다. 새해 새아침의 그 경건함을, 그 새로움을, 그 희망을 산은 커다란 가슴으로 품고 있다가 내게 건네주기 때문이다. 그리고 새해 새아침에나 진지한 마음으로 만나 보는 겸손이나 아름다움도 산은 늘 새롭게 일깨워 주기 때문이다.

겨울산에서 아침을 맞고 싶다. 그 눈부시게 떠오르는 태양을 맞으면서, 나는 다시금 내 존재의 의미를 생각해보고 싶다. 그리하여 나의 새해를 그 장엄한 겨울산에서 시작하고 싶다.

(1986)

떠나보내야 하는 계절

요즘 어머니의 일과 중에서 빼놓을 수 없는 것은, 아침에 내게 전화를 거시는 일이다. 남보다 늦게 하루를 여는 딸에게 행여 방해라도 되실까 봐, 아침일을 다 마치고도 전화기 앞에서 한참을 기다리신다. 그 기다림이 어떤 때는 지루하다고 하신다. 그러면서도 어머니가 전화를 하시는 시간은 언제나 일정하다. 그래서 우리의 아침 문안은 자식이 어머니에게가 아니라, 어머니가 자식에게 하는 뒤바뀐 인사가 되고 말았다.

기다림이란, 어머니에게는 참으로 끈질긴 동반자다. 젊은 날에 아버지를 기다리는 여인의 위치에서도, 기다림은 불평 한 마디 내지 못하는 순종과 인내였다. 늘 어렵기만 했을 남편을 젊은 나이로 사별하고, 그 긴 세월을 흔들림 없이 살아오실 수 있었던 것은, 자식이라는 또 하나의 기다림이 있었기 때문이다.

어머니에게 기다림은 곧 안타까움이요 즐거움이다. 때로는 행주치마에 묻어나는 눈물일 수도 있고, 때로는 가슴을 메우는 그리움일 수도 있다. 그러나 그 기다림은 언제나 어머니의 것으로만 존재한다. 한 서울에 살면서도 우리는 어머니를 자주 찾아뵙지 못한다. 마음이 끌리는 모임에는 빠질세라 참석을 하면서도, 어머니를 찾는 일에는 그만한 열성이 모자란다.

언젠가 신문에서 이런 기사를 읽은 적이 있다. 지방의 어느 가정이 매달 초하루와 보름이 되면, 마치 제사를 지내는 것처럼 음식을 차려 놓고, 살아 계신 부모에게 모두 절을 올린다는 것이었다. 돌아가시고 나서 잊지 않고 기일忌日에 참례하느니보다, 살아 계실 때 한 번이라도 더 찾아뵙는 편이 나으리라는 생각을 한 것이다.

그 기사를 대했을 당시에는 공감하는 바가 커서, 나도 그래보리라 마음은 먹었지만, 한 번도 그 속뜻이 실행되지는 못하였다. 그러나 어머니조차 자주 찾아뵙지 못할 정도로 나는 그렇게 바쁜 생활을 하고 있는 것일까. 또한 내가 헤어나지 못하는 일이 모든 것을 우선할 수 있을 만큼 그렇게 절대적인 가치가 있는 것들일까.

우리는 너무 많은 구실을 자신에게 만들며 살아가고 있는 것 같다. 내가 여기 있는 것에 구실을 대고, 내가 거기 있지 않음을 변명하며 산다. 내가 그렇게 말한 것에 이유를 달고,

내가 그렇게 말하지 못한 것에 합리화를 시키려 든다. 또한 내가 그렇게 처신한 것에 정당성을 주장하고, 내가 그렇게 처신하지 못한 것에 남에게로 먼저 책임을 돌리려 애쓴다. 이렇게 우리는 구실의 구실을 만들고, 변명의 변명을 만들어가며 살고 있다. 정녕 이러지 않고서는 이 한세상을 제대로 살아갈 수 없는 것일까.

어머니는 만나지 못할 때보다 왔다가 돌아갈 때가 더욱 허전하시다고 한다. 그 허전함을 조금이라도 더 채우려는 듯이, 어머니는 떠나는 우리를 언제까지나 바라보고 계신다. 이제 어머니는 어쩌면 기다림보다 떠나보내는 데 더 익숙해져 가고 있을지 모른다. 세월을 당신 앞에 묶어 두실 수가 없어서, 자식을 당신 품에서 떠나보내고, 손자들을 당신 무릎에서 떠나보낸다. 더 이상 우리를 기다릴 수 없는 그 날이 올 때를 대비하여, 어머니는 이제부터 조금씩 떠나보내는 연습을 하고 계시는 것은 아닐까.

떠나보내는 마음, 그것은 기다림과는 다른 마음이다. 기약 없는 기다림일지라도 거기에는 한 가닥 희망이 있다. 그러나 떠나보내는 마음에는 누를 수 없는 애틋함이 그늘처럼 드리워지게 마련이다.

좀 더 잡아 두고 싶은 마음은, 떠나가는 사람의 옷자락을 붙들고 어디까지나 함께 따라간다. 떠나보내는 사람은 떠나가는 사람의 모습이 보이지 않게 되면, 그 모습을 접어 마음에

넣는다. 사람은 가고 그리움만 남는 것이다.

지금 어머니가 우리를 떠나보내는 마음을, 우리도 언젠가는 알게 될 날이 올 것이다. 그러나 우리가 영원히 어머니를 떠나보내야 하는 그때를 실제로 맞이해 보지 않고서는, 자식은 그 마음을 헤아리지 못한다. 그것이 얼마나 공허한 바람이었는가를 알게 될 때에는, 회심悔心이 바람보다 더한 것으로 우리에게 몰아쳐 오게 되리라.

등 뒤로 어머니의 시선을 아프게 받으면서, 내게도 떠나보내야 하는 계절이 오고 있음을 느낀다. 동아줄 같은 천륜天倫도 세월에 점차 삭아지거늘, 하물며 인연으로 태어나지 않은 만남이 영원하리라는 생각을 어찌 감히 할 수 있었는지 모른다.

애착과 숙명을 혼동하며 살아온 지난날의 허상들. 이제 그것의 실체를 거짓 없이 인지하고, 마침내 그 무연無緣의 줄을 손에서 놓아 버린다면, 나 또한 마음의 속박에서 풀려날 수 있게 될 것인가.

떠나보내고 놓여나야 하는 계절이 거부할 수 없는 새벽처럼 다가온다. 어머니는 멀어져 가는 내 모습에서 그것을 느끼실 터이고, 나는 그런 어머니에게서 내가 결별해야 할 만남을 생각한다.

어머니가 내 모습에서 그만 눈길을 거둘 수 있도록, 짐짓 나무 뒤로 몸을 숨긴다. 어머니를 뵙고 돌아오는 날은 왜 언제나 하늘이 흐려 보이는 것일까. 가슴을 긋고 지나가는 아픔이 바람이 된 양, 이파리 하나가 땅으로 떨어져 내려앉는다.

(1987)

산길이 보이는 창窓

피로한 눈을 쉬려면, 나는 사무실의 작은 창문을 통하여 밖을 내다본다. 다행히 내 사무실은 자동차 소리가 시끄러운 큰길 쪽으로 있지 않고, 주택가 쪽으로 향해 있어서 비교적 조용한 편이다. 따라서 밖의 풍경은 마치 어느 소읍小邑의 모습과도 같이 평화스럽기조차 하다. 창문을 통하여 보이는 것이라고는 크기와 모양새가 고른 살림집들과 작은 교회당이 하나, 그리고 드나드는 사람을 본 적이 없는 미용실이 하나 있을 뿐이다. 거기에다 내가 누구나 붙들고 자랑하는 것은 창문에서 마주 보이는 작은 산이다. 그 산에는 제법 넓은 산길이 휘돌아 고개를 넘어가고 있다. 산에 길이 그렇게 번듯하게 나 있다는 것은 옛날에는 사람들이 그 고개를 자주 넘나들었다는 증거가 된다. 그 고개를 넘어가면 어디에 이르는 것일까. 사람들은 무슨 볼일로 그 고개를 넘었을까. 잡목밖에 없어 보이는 볼품없는 산이기는 하지만, 그래도 잎이 무성한 여름이면 옛날 사람들은 행여 호랑이라도 나올까 봐 가슴을 조이지는 않았을까. 창문을 통하여 바라보이는 그 산은 내게 동화와 같은 궁금증을 안겨 주곤 한다. 옛날의 추억 속에서가 아니라 현재의 시점에서 전래동화를 연상케 하는 풍경을 소유하게 되었다는 것은 나로서는 예상치 못한 기쁨이다.

겨울에 사무실을 얻어 정초부터 일을 시작한 내 작업실의 또 하나 자랑거리는 따뜻한 햇빛이 종일 머물다 가는 남향 방이라는 것이다. 겨울의 햇빛은 은혜로움이다. 햇빛은 추위만이 아니라 사람의 마음조차 너그럽게 해주는 따스함이다. 이 겨울에 햇빛이 들어오는 사무실을 만날 수 있었다는 것은 나로서는 예기치 못한 행운이다. 내게 이런 행운이 다 마련되어 있었을까 하는 것에 생각이 미치면, 그것은 누구에게로 향하는지 모를 감사로 이어진다.

사무실에 앉아 있으면 몇 가지 소리가 올라온다. 첫째는 주택가 어귀에서 윷판을 벌인 노인들이 희미하게 다투는 소리요, 둘째는 징소리다. 이 징소리가 처음 들렸을 때 나는 그것이 어디서 나는 소리일까 하고 얼른 창 밖을 내다보았다. 그런데 거기에는 긴 철사를 둘둘 말아 어깨에 둘러멘 굴뚝 청소부가 느릿느릿 걸어가고 있는 것이 아닌가. 골목길을 누비며 "두부사려!"을 외치던 두부 장수가 사라진 것과 같이 이제는 그런 굴뚝 청소부들이 자취를 감춘 줄 알았는데, 그 모습은 잊혀져 가는 풍물 하나를 다시 떠올리게 하는 그런 정겨운 그림이었다.

그리고 또 한 가지 신기한 것은 어디에선가 닭의 울음소리가 간간이 들려온다는 것이다. 서울의 가정집에서는 이제 닭을 기르지 않는다. 그렇다면 그 소리는 어디서 나는 것일까. 생텍쥐페리가 불시착한 리비아 사막에서 생사를 헤매고 있을 때 구원처럼 들려온 것은 수탉의 울음소리였다. 그것이 결코 환청이 아님을 확인하자, 그는 이제 자신이 구제될 수 있으리라는 확신을 갖게 된다. 닭의 울음소리는 여명黎明을 예고하는 시작의 소리일 뿐만 아니라 거기에 인간이 있고 생활이 있음을 알리는 또 하나의 의미가 내포되어 있기 때문이다. 이 새해의 첫머리에서 닭이 우는 소리가 들리는 사무실을 얻었다는 것은 나로서는 어떤 희망의 조짐인 양 생각하고 싶어짐을 어찌하랴.

대학을 졸업하고 나는 줄곧 직장생활을 했었다. 그러다가 어떤 때는 내 참을성 부족으로, 또 어떤 때는 내 의사와는 상관없는 이유로 직장을 떠나게 되어 오랫동안 집에서 '재가근무在家勤務'를 해왔다. 그러자니 생활 자세는 자연 무질서해지고 나태해져서 점점 헤어나기 어려운 무력감 속으로 빠져들게 되었다. 그리고 자꾸 안으로만 오그라드는 사고에다 배타까지 곁들여지게 되니, 이제는 정말 어떤 변화를 꾀해 보지 않으면 안 될 지경에까지 이르게 된 것이다. 그래서 생각해 낸 것이 집의 작업실을 밖으로 끌어내는 일이었다. 그리하여 이 젊지 않은 나이에 아침이면 일어나 출근 준비를 하고 저녁이면 어둠을 등에 지고 퇴근을 하는 생활을 해보기로 마음먹은 것이다.

열 평도 못 되는 사무실에 나는 내 꿈과 희망을 조심스럽게 옮겨 놓았다. 그리고 안으로 닫아걸고 있던 내 자신을 어느 정도 개방시키는 일에 스스로 타협을 보았다. 그리하여 요즘 나는 여느 직장인들처럼 이른 아침부터 사무실에 나와 앉아 신문도 보고 커피도 마시고 일도 한다. 그리고 가끔 먼 길도 마다 않고 찾아 주는 반가운 분들에게는 서툰 솜씨로나마 차를 끓여 대접하기도 한다.

그러다가 또 먼 곳에 대한 그리움에 휩싸이게 되면 창문을 통하여 앞산을 바라본다. 지금은 기척도 없이 잠들어 있는 산이지만 봄이 되면 분명 산은 기지개를 켜며 깨어날 것이다. 그때 산은 어떤 모습으로 내 앞에 다가올까. 또 나는 그때쯤이면 얼마큼 자신 있는 모습으로 남 앞에 서게 될까. 희망과 기대 속에서 산과 나는 서로 닮은 하나의 모습이다. 또 우리는 어떤 모습으로 자신이 변모될지 모르는 하얀 캔버스와도 같다.

그 산길로 해서 봄 아가씨가 넘어올 것 같은 부푼 기대를 안고, 나는 지금도 창문을 통하여 먼 산을 바라본다. 어디에선가 또 닭의 울음소리가 들린다.

(1988)

있음의 흔적

아무에게도 의지할 곳이 없는 할머니들이 여생을 함께 보내는 집을 방문한 적이 있었다. 안내하는 사람을 따라 그 집 현관을 들어서다가 나는 우연히 벽에 걸린 게시판을 보게 되었다. 거기에는 색종이로 만든 꽃잎들이 한 오십여 장 붙어 있었다. 그리고 화심花心에는 할머니들의 사진이 꽃술인 양 들어 있었다. 그 모습은 마치 어느 유치원의 벽에 붙은 원아들의 사진과도 같았다.

살짝 찡그린 얼굴이 있는가 하면 눈을 감은 얼굴, 무뚝뚝해 보이는 얼굴, 앞니가 한 개도 없는 입을 활짝 벌리고 웃은 호호백발 할머니의 동안童顔….

노인들의 사진을 무심히 훑어보다가 나는 한 구석에서 얼굴이 없는 꽃잎 몇 개를 발견하였다. 얼굴 없는 꽃잎—. 그것은 본래부터 꽃잎만 있었던 것이 아니라, 어제 오늘 사이에 이승을 떠난 할머니들이 남기고 간 빈자리였다. 노인 중에서도 병들고 나이 많은 분들만 기거하는 그 집에서는 이틀에 한 사람 꼴은 세상을 뜬다고 했다.

앓던 할머니가 세상을 등진 날은 웬일인지 집의 공기가 무겁게 가라앉는다고 한다. 누가 그 소식을 일부러 전해준 것도 아닌데, 그들은 본능적으로 죽음이 다녀간 발소리를 감지해 내기 때문이다.

그 곳의 노인들은 항상 죽음을 베개삼아 산다. 이승에서도 낙다운 낙을 누려 보지 못한 노인들이 저물어가는 인생의 마지막 고개에서 그들을 벗하여 동행해줄 친구란 죽음밖에 없을지 모른다. 그들의 소원은 살아 생전에 좀더 안락하기를 바라는 생의 욕심이 아니라 곧 닥쳐올 죽음을 편안하게 맞이할 수 있는 죽음복福이다. 복이라고는 별로 누려 보지 못한 이들이 간절히 소원하는 이 죽음복은 살아 있는 사람으로서 갖는 마지막 욕심이다.

그런 발원發願 끝에 어느 축축한 새벽녘에 혼자 눈을 감으면, 그들이 이승에 있었던 흔적은 무엇으로 남게 될까. 임종 지키며 서러워해 줄 자식 하나 없고, 마음 함께 떠나보내며 애통해 할 반려伴侶 또한 없으니, 그들이 세상에 왔다 가는 자취란 완전한 빔, 공백空白뿐이지 않을까. 그들은 이승이란 꽃밭 한 구석에서 남 몰래 피어 있다가 남 몰래 스러지는 이름

없는 꽃들이나 같다.

요즘 내 마음의 꽃밭에도 얼굴 없는 꽃잎들이 하나 둘 생겨나기 시작한다. 오랫동안 연락이 끊긴 한 친구가 자살했다는 충격적인 소식이 바람결에 들려왔다. 또 심성이 착하여 남에게 이용만 당하다가, 외롭고 구차하게 말년을 보내던 어느 노장군의 부고訃告를 신문에서 보았다. 가장 실의에 빠져 있을 때 무료 변론을 맡아 주며 따뜻한 격려로 힘이 되어 주었던, 그 꼿꼿한 몸매의 변호사도 세상을 떴다.

친구는 학교에 다닐 때만 해도 평범할 정도로 조용한 아이였다. 그러다가 어느 날 바람처럼 나타난 한 남자를 따라 종적을 감춘 후로는 사람이 놀랄 만큼 변모되어갔다. 그러던 친구가 어느 구석에서 불쑥 모습을 나타내어 교편을 잡는가 싶더니, 이번에는 또 자살이라는, 제 부고를 제 손으로 뿌리고 갔다. 왜 그 친구가 세상을 스스로 버리지 않으면 안 되었는가 하는 이유에 대해서는 잘 모른다. 그러나 내가 궁금하게 여기는 것은, 그보다는 그 미완의 인생에서나마 그가 이 세상에 존재했었다는 '있음의 흔적'을 무엇으로 남기고 갔을까 하는 점이다.

노장군과 은퇴한 변호사의 부고를 신문에서 보았을 때, 나는 그분들의 영결식장에 꼭 참석하고 싶었다. 그만큼 그분들은 내게 고마운 분들로 자리잡고 있고, 더욱 고마운 것은 그런 내 마음을 변치 않게 해준 그분들의 인격이었다. 결국 마지막 인사를 드리러 가지는 못했으나, 나는 그날 그분들이 생전에 내게 베풀어주신 아름다웠던 인정을 되돌아보면서, 내 마음속의 꽃잎 하나를 떼어 내는 허전함을 맛보았다.

이젠 내 마음의 꽃밭에도 서서히 가을이 오고 있는 모양이다. 새로 피어나는 꽃보다 지는 꽃이 많아졌고, 새로 돋아나는 잎보다 떨어지는 잎이 많아졌다. 한 철만 피었다가 지는 꽃들도 가을이면 저마다 그들의 '있음의 흔적'을 남기고 간다. 아무리 후미진 구석에서 사람의 눈길 한 번 받아보지 못한 무명초라 해도 가을이 되면 제가 서 있던 자리에 씨앗을 떨어뜨린다. 그 한 알의 씨앗은 바로 이듬해에 그 꽃이 거기에 있었음을 말해주는 훌륭한 표적이 되지 않는가.

사람도 저마다 자기 생긴 대로, 자기 그릇대로 그 '있음의 흔적'을 남기고 간다. 어떤 사람은 명예로, 어떤 사람은 업적으로, 어떤 사람은 재산으로, 어떤 사람은 사상으로.

그렇다면 나는 내 '있음의 흔적'을 무엇으로 남기게 될까. 아니, 나도 작으나마 내가 이승에 머무르다 갔음을 말해주는 그 무엇을 정녕 남기게 될 수 있을 것인가.

나라는 존재는 그 어느 누구의 마음속에서 그래도 한 번쯤은 그리움으로 돌아보는 빈자리로 남겨지게 될까. 아니면, 어디에 피었다가 언제 졌는지도 모르게 쓸쓸히 스러져 간 이름 없는 꽃들 중의 하나로만 여겨지게 될 것인가.

마음에 빈자리가 늘어간다. 그가 있었던 자리와 그가 남기고 가는 흔적. 내가 있었던 자리와 내가 남기고 가는 흔적.

바람이 분다. 가을도 아닌데, 누런 고엽枯葉이 발 밑에 뒹구는 가로숫길을 걸으면서, 나도 어느새 '있음의 흔적'이라는 것을 생각하게 되는 나이에 와 있음을 깨닫는다.

(1988)

외길의 고독 그리고 아름다움

가톨릭 신자도 아니면서, 성당에 다니는 언니의 초대로 미사에 참여한 적이 있었다. 그 날은 그 성당에서 부제副祭로 있던 쌍둥이 형제가 사제가 되고 나서 처음으로 미사를 집전하는 날이었다.

성당은 보통 때도 이렇게 신자가 많을까 싶을 만큼 사람들로 붐볐고, 분위기는 엄숙하면서도 무슨 축제날처럼 조금 들떠 있었다. 얼굴이 너무도 닮은 쌍둥이 형제는 진지한 모습으로 그들의 첫 미사를 봉헌했다. 그리고 세상에서 가장 정결한 두 손을 들어 신자들의 머리 위에 축복을 내렸다.

미사가 끝나자 사제로서 첫출발을 하는 이들에게 기념품을 전달하는 순서가 있었다. 먼저 나이 어린 소녀들이 수줍은 몸짓으로 조그마한 선물들을 이들에게 증정했다. 싱그러운 꽃다

발을 꽃보다 더 싱그러워 보이는 이들에게 한 아름씩 안겨 주는 이도 있었다. 또 그냥 제자리에 앉아 바라보고만 있는 신자들은 미소로써 이들에게 영광이 있기를 축원했다.

신도들의 축하 순서가 끝나자 이 날의 주인공들은 각기 고마움에 대한 답사를 했다. 형이 되는 신부의 말은 지금 잘 생각나지 않는다. 아마 어려운 말로 진지하게 사제로서의 마음가짐을 피력했을 것이다. 그러나 그 동생이 한 짤막한 말 한 마디는 아직까지도 내 감동 속에서 새롭다.

"제게 한 가지 소원이 있다면, 지금 입고 있는 이 옷차림으로 훗날 관 속에 들어가는 것입니다."

어린 티가 아직도 가시지 않은 이 신부는 두 손을 얌전히 모아 쥐고 이렇게 말했다. 그는 이 말을 하면서 많이 어색해하고 많이 부끄러워했다. 젊은 나이로 죽음에 대해 이야기한다는 것이 스스로도 조금은 성급하게 생각되어서였을까.

나는 사람들의 어깨 너머로 그 말을 듣는 순간, 나도 모르게 눈시울이 붉어짐을 느꼈다. 그 젊은 신부가 늙어 죽는 시간까지의 거리는 얼마나 먼 거리인가. 그리고 그 길을 혼자 묵묵히 걸어가는 동안 그는 얼마나 끈질기게 자신에게 달라붙는 고독과 싸워야 할 것인가.

신부가 된 순간부터, 아니 신부가 되고자 하는 뜻을 세운 그 순간부터 인간으로서의 그의 동반자는 어쩌면 신이 아닌 고독이었을지도 모른다. 신부가 될 아이였기 때문에, 그는 어렸을 때는 친구들과 마음놓고 뛰놀지도 못했을 것이다. 신부가 될 자식이었기 때문에, 그의 부모는 분명 그를 다른 형제들과는 다르게 대했을 것이다. 그랬기에 신부라는 것이 무엇인지도 미처 알기 전에, 그는 고독 속에 홀로 있는 연습부터 해야 했을지 모른다.

그러다가 그는 신학교를 가고, 마침내 신부가 되었다. 그러나 서품식敍品式을 마치고 기다리고 있던 가족 앞으로 다가갔을 때, 그를 제일 먼저 맞이한 것은 평생 그 몸에서 떼어버릴 수 없는 고독, 바로 그것이었다.

아들 둘을 조금의 망설임도 없이 신께 바친 그들의 가난한 부모님께 그는 진정 축하의 말씀이라도 올리고 싶었을 것이다. 그가 이렇게 신부가 됨으로써, 그의 부모는 그들의 높고 고결한 소원을 마침내 땅 위에서 이루지 않았는가. 그가 이렇게 신부가 됨으로써, 그의 부모는 하늘이 맡겨 주신 보석을 주인께 돌려드리는 겸손한 의무를 다하지 않았는가.

그러나 그가 그들에게 다가가 거칠고 주름진 두 손을 잡으려 했을 때, 그들은 서둘러 그의 앞에 무릎을 꿇었다. 이제는 아들이 아니라 사제로서 그에 대한 예의를 갖추는 이들에게, 그는 어쩔 수 없이 아들로서가 아니라 사제로서 그들의 머리 위에 첫강복降福의 손을 얹어야만 했다. 신과의 소통이 늘 손에 잡히지 않는 고독이었다면, 육친과의 이 눈에 보이는 거리는 그에게 좀더 생생하게 감지되는 외로움, 그것이었을지도 모른다.

이제 사제로서 첫미사를 집전한 그 자리에서, 그는 다시 한 번 그 고독과 정면으로 맞서 나갈 것을 다짐했다. 그러나 인생으로서 한창인 세월의 굽이굽이를 넘길 때마다 그도 많은 세속적 갈등을 느끼게 될 것이다. 그리고 자신도 모르게 다가오는 그 숱한 유혹의 손길은 또 얼마나 그를 혼란에 빠뜨리게 할 것인가. 한 사람에 대한 특별한 사랑을 희생한 대신 여러 사람을 고루 사랑하고자 굳게 서원誓願했건만, 인간이기에 때로는 어느 한 사람을 뜨겁게 사랑하고 싶은 욕구를 왜 그라고 느끼지 않겠는가.

그 젊은 사제가 그의 소망처럼 신부복을 입고 관 속에 들어가기 위해서는 참으로 길고 외로운 길을 걸어야 한다. 그러나 세상에는 무수한 변수變數가 숨어 있어서 때로는 자신의 의지와는 상관없는 엉뚱한 방향으로 이끌려 가기도 하고, 또 때로는 자신을 지킬 수 없을 만큼 강한 어떤 유혹적인 요소와도 만나게 된다. 그래서 이 사회는 시인이 펜대를 버리고 정치인이 될 수밖에 없는 변칙을 만들어 내기도 하고, 교수가 교단을 버리고 권력에 아부하는 모습도 심심치 않게 보여 주는 것이다.

시인이 끝까지 시인으로서 걸어가는 외길, 학자가 끝까지 학자로서 양심을 지켜 가는 외길, 신부가 끝까지 신부로서 생을 마치는 외길. 그것은 어쩌면 고독한 길이기에 또한 아름다운 길이기도 한 것이 아닐까. 요즈음 그러한 생각에 집착하게 되는 것은, 나 역시 그 외길을 가지 못한 한 사람의 실패자여서 인지도 모르겠다.

(1988)

불빛 따스한 방

모두 퇴근한 사무실에 혼자 앉아 난로의 불꽃을 바라본다. 지금 이 시간 눈은 너울거리는 불꽃을 바라보고 있지만, 귀는 온 신경을 집중하여 어떤 소리를 기다리고 있다.

언제부터인가 이 시간만 되면, 누구에게선가 전화가 걸려올 것 같은 기다림에 휩싸이곤 한다. 누군가가 나를 향해 다가오는 소리를 나는 시계 바늘의 움직임으로 가늠하고 있는 것이다.

내 눈은 밝다. 그가 문을 열고 들어와 자기 책상 앞에 앉는 모습이 보인다. 엎드려 글씨를 쓴다. 그러다가 잠시 눈을 들어 허공을 바라본다. 그는 지금 무슨 생각을 하고 있는 것일까.

전화벨이 울린다. 수화기를 든다. 만일 그에게서 온 전화라면, 나는 뭐라고 대답해야 할까.

그러다가 문득 전화는 오지 말아야 한다는 생각이 내 정신을 흔들어 깨운다. 마음은 기다리고, 이성은 그것을 거부한다. 기다리는 마음과 거부하는 이성의 줄다리기 속에서 시간이 흘러간다. 시계 바늘이 움직인다. 규칙적인 초침 소리가 침묵을 조각낸다. 마침내 내 기다림의 끈이 끊어져 버린다. 그가 사무실을 나가고 있는 것이다.

난로 위에서 물이 끓는다. 주전자 뚜껑을 달싹이며 김을 내뿜는다. 난로 위의 물은 끓고 있다. 불이 꺼지지 않는 한 물은 끓을 것이다. 사람의 몸에는 피가 돌고 있다. 생명이 다하지 않는 한 피는 순환할 것이다. 그러다가 주전자의 물이 넘칠 때가 있듯이, 때로 뜨거워지기도 하는 피. 내 피는 몇 도나 될까.

서린 김이 물이 되어 흘러내리는 창문을 열고 밖을 내다본다. 찬 기운이 이마를 스친다. 어깨까지 들어올리며 깊게 숨을 들이마신다. 그 차가움에서 청량함을 느낀다. 눈이 시원해진다. 기다림의 아픔이 조금씩 가라앉는다.

눈앞에 가로등이 하나 서 있다. 그 불빛이 차갑게 보인다. 그 가로등 밑으로는 아무도 걸어가는 사람이 없다. 그러나 창문을 열고 그 가로등을 바라볼 적마다 나는 누군가가 그 아래에 서 있을 것만 같은 착각에 사로잡히곤 한다. 그리고 그 사람은 꼭 내가 아는 사람일 것 같은 느낌이 든다. 그러나 창문을 열고 밖을 내다볼 적마다 가로등은 언제나 혼자 서 있다.

산밑 동네에서는 창문마다 불빛이 내비친다. 어떤 빛은 푸른 기가 돌고, 어떤 빛은 따뜻한 주홍빛이다. 지붕 밑에는 그 불빛을 둘러싼 사랑이 있을 것이다. 밖에 나간 식구를 기다리는 사랑이 있는가 하면, 행복을 지키는 꿋꿋한 사랑도 있으리라.

불빛이 하나 둘 꺼지기 시작한다. 기다리던 가족이 돌아온 모양이다. 저 가운데에는 이 밤을 새워야 할 불빛도 있을 것이다. 그러나 불을 끌 수 없는 이유는 집집마다 다르다 해도, 새벽은 모두에게 온다. 나에게도 분명 새벽은 있다. 그러나 나는 그 새벽을 게으름 속에서 보내 버리곤 한다. 새벽을 놓친 사람에게 낮이란 무의미한 시간일 뿐이다. 그렇다면 내 인생은 어떤 시간의 연속일까.

난로의 심지를 올린다. 불꽃이 아름답게 커진다. 전등을 끄고 작은 램프를 켠다. 어둠 속에 커다란 그림자가 생겨난다. 그림자는 괴물처럼 벽을 타고 올라간다. 그 그림자를 따라 나도 올라간다. 그림자는 벽 위에서 나는 아래에서 우린 서로 마주 본다. 그렇게 우리가, 타인이 타인을 바라볼 수 있는 부분은 이런 허상뿐일지도 모른다. 그러나 내가 나를 바라보아도 보이는 것은 마찬가지로 허상뿐이다. 단순한 허상이 아니라 실상을 거부하는, 아니 거부하고 싶어하는 편리한 허상일 따름이다.

피아노 소리가 들려온다. 이 밤중에 피아노를 치고 싶은 사람의 마음은 어떤 것일까. 때로는 크게 때로는 작게 소리는 끊어질 듯 이어진다. 그러나 내 마음의 건반은 아직도 조율이 되어 있지 않다. 그래서 그 소리는 불규칙할 수밖에 없다. 이따금 불쑥 튀어나오는 엉뚱한 음音에 누구보다 먼저 당황하는 것은 바로 나 자신이다. 내가 울리고 싶은 소리는 결코 그 음이 아니었다. 기대하지 않은 음의 결과 속에서 도망칠 수도 없는 나는 불행한 악사와 다를 바 없다.

사무실의 이 작은 난로가 아름다운 불빛을 지니고 있음을 가르쳐 준 사람이 있었다. 그가 그것을 가르쳐 주기 전까지는 난로의 불빛은 그저 난로의 불빛에 지나지 않았었다. 그러나 그가 그것을 가르쳐 준 이후로 그 불빛은 곧 아름다움이었고 그리움이었으며, 또한 나의 잊고 싶은 기억의 한 부분이 되었다.

이젠 불빛이 따스한 방으로 돌아가고 싶다. 누군가가 나를 기다리고 있을, 누군가가 나를 위하여 따뜻한 불빛을 마련해 놓았을 그런 곳으로 가고 싶다. 이 지구상에 그런 곳이 있다면, 그 곳에 가 내 지친 몸을 뉘고 싶다. 그리고 아무 말 없이 그냥 잠들어 버리고 싶다.

밖에서는 바람이 유령처럼 울부짖는다. 가로등은 어둠 속에서 여전히 차가운 빛을 내쏘며 혼자 서 있을 것이다. 나의 겨울이 아직도 그 밑에서 서성거리고 있다.

(1989)

하얀 진달래

무료하여 저녁 산책을 나가던 길이었다. 그런데 집 앞 화단에서 나는 어떤 꽃들이 나를 잡아당기는 것 같아 가던 걸음을 멈추고 뒤를 돌아보았다. 그것은 하얀 진달래였다. 진달래 하면 으레 분홍색인 줄로만 안 내 상식에서 하얀 진달래는 신선하고 아름다운 충격이었다. 그리고 그것은 환한 대낮이 아닌 으스름한 저녁에 피어 있었던 탓으로 그 흰 빛깔이 유난히 내 시선을 끌었는지도 모른다.

나는 발길을 돌려 그 꽃 앞으로 갔다. 그리고 노인처럼 허리를 굽히고 한참 동안 그 꽃을 들여다보았다. 틀림없는 하얀 진달래였다. 아니, 학명으로는 철쭉이라 불리울지도 모른다. 아니, 그것은 진달래도 철쭉도 아닌 전혀 다른 이름의 꽃일는지도 모른다. 그러나 이름 같은 것은 아무래도 상관없다. 그 꽃이 내게 다가온 것은 이름이 아니라 그 빛깔이었기 때문이다.

화단에는 하얀 빛깔이 쓸쓸하리만큼 무리지어 있었다. 흰 빛깔이란 원래 쓸쓸하게 마련이지만, 그것이 더욱 외롭게 느껴지는 것은 때가 어두워지는 저녁 무렵이어서일까, 아니면 내 마음에 늘 채워지지 않은 구석이 많아서일까.

나는 문득 그 흰 빛깔에서 큰언니의 옥양목 적삼을 떠올렸다. 언니는 그날 하얀 옥양목 적삼을 입고, 머리는 양갈래로 땋아 둥그렇게 올려 한가운데에서 단정하게 묶고 있었다. 그때 언니의 나이는 스물이 조금 넘었을 것이다. 그런데 한창 피어나던 성숙한 언니에 비해 나는 겨우 열한 살의 막내여서 언니와 나는 마치 모녀지간과 같았다.

나는 아버지의 산소 앞에 있는 커다란 돌에 걸터앉아 사진을 찍었고, 언니는 돌 뒤에서 내 한쪽 팔을 잡고 새색시처럼 조신한 표정을 지었다. 그 사진을 찍어 준 사람은 큰오빠였을 것이다. 사진은 그다지 선명하지는 않으나, 그 날 그 사진을 찍었던 화창한 여름 날씨는 아직도 내 기억 속에 선명하게 남아 있다.

짧은 치마 밑으로 늘어진 내 두 다리가 유난히 길어 보인다. 그 다리 탓일까, 훗날 내 키는 언니보다 훨씬 커졌지만 그래도 언니는 내 마음속에서 언제나 나보다 큰 어른이었다. 그 날 나는 언니가 만들어 준 포플린 원피스를 입었다. 그 당시는 원피스라 하지 않고 간단복이라 했는데, 분홍 줄무늬가 바둑

판처럼 그어진 가볍고 예쁜 옷이었다. 그리고 어깨 끈에는 커다란 단추가 두 개 모양으로 달려 있었다.

어머니는 구식 분이어서 새로운 것에 대해서는 잘 알지 못하셨다. 그래서 어머니가 못 하시는 몫을 자연히 큰언니가 떠맡게 되었다. 아버지가 안 계신 집안에서 큰언니는 어머니에게는 오른팔이요 우리 형제들에게는 또 하나의 정신적인 지주支柱였다. 큰언니의 손에 이끌려 우리는 입학을 하고 졸업을 했으며, 나중에는 가세가 몰락하여 큰언니가 마련해 준 등록금으로 학교에 다니게까지 되었다. 그래서 아침마다 솜씨 있게 내 머리를 땋아 준 사람은 어머니가 아닌 언니였고, 늘 내 옷을 새로운 모양으로 지어 준 사람도 다른 누구 아닌 언니였었다.

어느 운동회 때는 그것을 입고 뛰기에는 너무 불편할 정도로 치렁한 운동복을 언니가 만들어 주었는데, 그것은 운동복이라기보다는 차라리 정식 원피스라 하는 편이 나을 그런 옷이었다. 옷감은 옥양목이었지만, 한쪽 허리께에다 빨간 갑사 헝겊을 고를 지어 묶어 늘어뜨린 운동회 날의 내 모습은 마치 파티에라도 초대받아 간 요즘 소녀의 모습과 조금도 다름없어 보인다. 그 빨간 갑사 리본 때문에 내가 달리기에서 넘어져 꼴찌를 했을 때에도 우리 동네 사람들은 모두 그 날래지 못한 아이가 바로 나라는 것을 금방 알아 볼 수 있었다.

6·25 전쟁 때 피란 가서 공부하던 시골 고향의 초등학교.

잡음이 지글지글 끓던 확성기에서는 운동회 노래가 연달아 흘러나오고, 마당에는 그물처럼 쳐진 만국기가 바람에 찢어질 듯이 팔락거렸다. 시골 운동회 날은 잔칫날과도 같았다. 빨간 감과 찐밤과 삶은 계란을 파는 장수들이 진을 치고 앉았고, 먼지가 풀썩거리는 마당에서 어른들은 자기 아이들을 불러 앉혀 집에서 장만해 온 음식을 먹였다. 운동장은 달리기를 하는 사람 따로 있고, 장사를 하는 사람 따로 있었으며, 한구석에서 음식을 먹는 일에만 정신을 파는 사람이 따로 있었다. 그러나 모두는 즐거웠고, 모처럼 일손을 쉰 동네 사람들은 매일같이 이렇게 즐거운 날만 있으면 얼마나 좋을까 하는 아쉬움 속에서 하루 해가 짧기만 했었다.

운동회를 생각하면 하얀 헝겊 신발이 생각난다. 흰 운동화가 없어 시골 아이들은 맨발로 뛰고 맨발로 춤을 추었다. 그러나 나는 언니가 특별히 창안하여 만들어 준 예쁘고 깜찍한 헝겊 신발을 신었다. 그것은 발레를 할 때 신는 토슈즈와 비슷했는데, 발등에는 빨간 색실로 장미꽃이 수 놓여져 있었다. 지금도 그 가벼운 신바닥으로 차갑게 느껴지던 학교 마당의 진흙이 생각난다. 그리고 그 냉기가 열이 난 몸을 식혀 주던 상쾌한 기분을 나는 아직도 느낄 수가 있다.

그날 나는 언니가 그렇게도 애를 써 주었음에도 어느 한 종목에서도 상을 타지 못했다. 아마 그만큼 운동에 소질이 없었던 모양이다. 다만 하얗던 신발에 빨건 진흙이 묻는 것이 안타까웠고, 들뜬 분위기에서 왠지 즐거움보다 외로움이 느껴지던 이상한 감성의 아이였을 뿐이다.

요즘 아이들의 옷차림을 보면 하나같이 예쁘다. 우선 모양과 빛깔이 다양한 데 놀라고, 아이들의 옷을 입힌 어머니들의 뛰어난 미적 감각에 또 한번 놀라게 된다. 지금처럼 물자가 풍성하지 못했던 시절에 어린아이를 키운 어느 부인은 다시 한번 아기를 낳아 키워 보고 싶다고 하였다. 편리한 종이 기저귀도 채워 보고, 예쁜 옷도 사 입혀 주면서, 자기 아기를 다시 길러 보고 싶다고 하였다. 아마 여자라면, 어머니라면, 그런 생각을 한번쯤 해볼 수 있을 만큼 편리하고 예쁜 아기 용품들이 많아진 탓일 것이다.

그러나 내게는 언니가 만들어 준 그때 그 시절의 옷들이 나의 추억 속에서 여전히 아름다운 채로 남아 있다. 그것은 그 옷들이 돈을 주고 산 것이 아니라, 동생을 사랑하는 언니의 마음으로 지어진 옷들이기 때문일 것이다.

현대는 아이들의 옷을 집에서 일일이 만들어 주지 않아도 될 만큼 시장이 풍성하다. 그리고 아이들 역시 엄마가 만들어 준 서툰 솜씨의 옷보다는 시장이나 백화점에서 사 입는 세련된 옷을 더 좋아할지 모른다. 세상은 이렇듯 달라졌다. 그리고 이 변화는 누구도 막을 수가 없다.

그렇지만 이런 변화 속에서도 내겐 아직도 변하지 않은 것이 두 가지 있다. 하나는 우리 동생들을 사랑하는 언니의 마음이 여전히 한결같다는 것이고, 또 하나는 옥양목 적삼을 가는 허리에 받쳐 입었던 그 여인이 아직도 하얀 진달래꽃처럼 그렇게 깨끗하게 그렇게 쓸쓸히 살아가고 있다는 사실이다.

주위가 어두워지는 것도 모르고 나는 하얀 진달래꽃 앞에 오랫동안 서 있었다. 그리고 그 꽃이 나의 큰언니를 닮았다는 생각을 하고 있었다.

(1990)

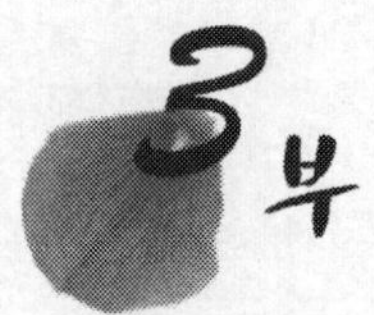

아침과 저녁

숨어 있는 나무

재회再會

실종失踪

안개

생존의 의미

남자 수의壽衣를 입고 떠난 당신

생일날 아침

민들레 씨앗

아침과 저녁

아침에 출근할 때면 나는 굳이 큰길을 버리고 행인이 뜸한 뒷길로 해서 사무실에 나간다. 그 길에는 가로수들이 제법 가지를 펼치고 있어 그 우거짐이 더욱 한적한 느낌을 자아내기 때문이다.

퇴근할 때면 나는 다시 이 길을 거슬러 올라가 집으로 향한다. 똑같은 길을 하루에 두 번씩 왕래하면서, 많은 생각을 발자국과 함께 길바닥에 찍는다.

아침의 발소리는 분명하고 경쾌하다. 따라서 내 생각도 선명하고 긍정적이다. 그리고 어느 정도 이성을 가지고 사물을 분별할 수 있는 힘을 갖는다. 그러나 저녁때의 생각은 이와는 정반대다. 모든 것은 부정적이고 감정적이면서 사고思考는 극단으로 치닫는다. 아침과 저녁은 걷는 시간과 가는 방향만 다를 뿐인데, 같은 생각이 전혀 달라지는 이유는 무엇 때문일까.

아침에 나는 이 길을 걸으며 나의 인생을 돌아본다. 혼자서는 결코 걸을 수 없을 만큼 무능하고 부실한 사람이 어쩌다보니 이 긴 여로旅路를 혼자 걸어왔다. 그러나 그것은 엄밀히 말해 나 혼자만의 힘으로 걸어온 것은 아니다. 비틀거릴 때 잡아준 손길이 있었고, 보이지 않는 곳에서 애정 어린 눈길로 지켜봐 준 사람들이 있었기 때문이지 않은가.

아침에 생각하면 모든 것이 고맙다. 내 주위에서 묵묵히 나를 지켜보며, 밀어주며, 격려해준 사람들을 생각하면 나는 꽤나 인복이 많은 사람인 것 같은 생각마저 드는 것이다. 그리고 내 인생도 과히 외롭지만은 않다는 생각을 하게 된다.

그러나 저녁에 이 길을 걸어오면서 다시 생각해보면, 내 인생은 한마디로 오류誤謬의 그것이라는 느낌밖에는 들지 않는다. 특출한 것이라고는 한 군데도 없는 사람이기에 나도 남들처럼 평범한 삶을 살아갈 것으로 알았다. 그러나 그렇게 살 수 없게 만든 요인들이 내 인생을 지배하였고, 나는 그것에서 벗어날 수가 없었을 만큼 의지가 약했던 것이다.

또 냉정하게 자신을 돌아보면, 능력도 없고 인복도 없다. 그리고 내가 선택한 길에 만족과 자신도 없다. 자신이 없다보니 이 길은 내가 선택한 것이 아니라, 타의에 의해 그리 될 수밖에 없었던 것처럼 남에게 그 책임을 전가시키고만 싶어진다. 그러다가 이럴 수도 저럴 수도 없게 되면, 이런 무의미한 인생이 더 이상 존속할 가치가 있을까 하는 막다른 생각에까지 자신을 몰고 가는 것이다.

아침과 저녁에 생각하는 내 인생은 언제나 이렇듯 다른 두 위상位相을 지닌다. 그것은 내 인생이 진정으로 두 개의 위상을 지니고 있기 때문일까, 아니면 내 감정이 이중구조적인 성격을 지니고 있기 때문일까.

아침에 나는 이 길을 걸으며 또 나의 사랑을 생각해본다. 생각만 해도 손끝이 저려 오는 그리움의 대상이면서도, 아침이면 그 그리움을 마음속에서 거두어내야 한다는 결심을 하게 된다. 또한 그 결심이 가능할 수 있으리라는 자신감을 갖기도 한다.

아침이면 눈이 맑아진다. 그래서 상대방을 냉정하게 바라볼 수 있는 객관성을 지니게 된다. 그러므로 그가 갖고 있는 진실성의 깊이를 재어볼 수가 있고, 그가 갖고 있는 성실성의 농도를 달아 볼 수 있는 마음 자세를 갖게 된다. 그리하여 나의 사랑이 결국은 허무한 것으로 끝이 나게 되리라는 것을 예견한다. 아침이면 그렇게 끝나버릴 그 허무의 끝이 두려워 나는 마음속에서 거부하고 또 거부하곤 하는 것이다.

그러나 저녁때 다시 이 길을 걷고 있자면, 나는 어느 사이 내 그리움에 매달리고 연연해하는 자신을 보게 된다. 아침의 명징明澄한 눈은 이미 흐려 있어 상대방은커녕 나 자신도 제대로 바라볼 수 없을 만큼 맹목적이 되어버리는 것이다.

그리움은 다시 손끝을 저리게 하고, 거부하던 마음은 스스로 빗장을 연다. 아침이면 내 이런 생각이 다시 냉정을 찾게 되리라는 것을 잘 알면서도, 저녁이면 나는 번번이 내 이성과 함께 미망迷妄을 헤맨다.

내 정신에는 이렇듯 아침과 저녁이 따로 있다. 아니, 내 정신 속에는 이렇듯 아침과 저녁이 공존해 있다고 하는 것이 더 정확하리라.

아침이 분별이라면, 저녁은 혼돈混沌일까. 아침이 이성이라면, 저녁은 감성일까. 그러나 그것은 모두 한 뿌리에서 나온 나뭇가지처럼 나의 일부분일 뿐이다.

오늘도 나는 아침과 저녁이라는 두 정신적인 시간대에서 숱한 갈등과 모순을 안고 이 길을 오르내린다. 그러면서 이 길에서 나는 끊임없이 생각하고, 거부하고, 또 허물어지곤 하는 것이다.

(1990)

숨어 있는 나무

이따금 나는 몇 해 전에 오대산五臺山 정상에서 본 아름드리 나무들을 떠올릴 때가 있다. 산악회원을 따라 오랜만에 나선 산행에서 우연하게 그 나무들을 보았을 때, 나는 그 웅장한 모습에 그만 압도당하는 것 같은 느낌이 들었다. 산을 오르면서 줄곧 크고 작은 나무들을 스쳐 지나가면서도, 나무에 대한 특별한 생각은 없었다. 그러나 정봉頂峰을 지척에 둔 정상에서 숨을 토해 내느라 허리를 펴는 순간, 그 나무들은 나를 맞이하듯 내 앞에 우뚝 모습을 드러내었다.

나는 그 뜻밖의 거목들 앞에 잠시 놀란 가슴으로 서 있었다. 그만큼 그 깊은 곳에 그런 거목이 숨어 있는 듯이 자리잡고 있었다는 사실이 내게는 충격 같은 놀라움으로 받아들여졌던 것이다. 그리고 그 놀라움은 서서히 어떤 알 수 없는 감동으로 내 마음에 물결처럼 번져 갔다.

대체 얼마나 긴 세월 동안 이 나무들은 이렇듯 첩첩산중에 뿌리를 박고 있었을까. 나무들이 서 있는 장소가 이런 깊은 산중이었기 때문에 이토록 거목이 되기까지 베어지지 않았던 것일까. 나무가 만일 사람의 눈에 잘 띄는 그런 길목에 터전을 잡고 있었더라면, 이렇게 밑동이 굵어질 때까지 베어지지 않고 남아 있을 수 있었을까.

나는 경이로운 마음으로 그 나무들을 둘러보았다. 범접할 수 없는 위엄이 서기瑞氣같이 서려 있는 그 나무들을 바라보고 있자니, 문득 나 자신이 아주 작고 보잘것없는 존재처럼만 느껴졌다. 그리고 그 나무들은 마치 속세를 떠나 자신을 은둔시킨 어떤 철인哲人의 모습같이도 여겨졌다.

생각지 않은 장소에서 생각지 않은 거목을 만나고 온 그 날 이후로 나는 그 나무의 모습을 내 가슴속에, 내 머리 속에 남몰래 간직해 두었다. 그리고 그것은 나로서는 벅찬 사유思惟의 한 명제가 되었다.

작년 가을에는 온양에서 수필 세미나가 있었다. 세미나 일정을 마치고 상경하는 길에, 우리는 조선왕조 초기에 명재상을 지낸 맹사성孟思誠의 고택을 찾았다. 맹사성은 온양 사람으로, 자는 성지誠之요 호는 고불古佛이라 하는데, 세종 때 우의정과 좌의정을 지내면서 《태종실록》을 편찬한 분이기도 하지만 청렴 결백하기로 더욱 유명한 분이었다. 마침 문화부장

관이 충남 사람이라, 맹사성의 고택을 고증을 살려 복원한 역사役事에 자부심을 느끼는 듯하여 우리는 일부러 그 곳을 방문했던 것이다.

21대 후손이 된다는 맹씨 댁 종손의 안내를 받아 옛집이 있는 윗마당으로 무심히 발걸음을 옮겼을 때, 나는 나도 모르게 탄성을 지르고야 말았다. 그 마당 한쪽에 거목이 된 두 그루의 은행나무가 화려한 모습으로 우리를 맞이했기 때문이다. 가을이라 잎들이 황금빛으로 물들어 있는데다가 마침 지는 해가 붉은 노을로 온통 나무를 뒤덮고 있으니, 그 아름답고 화려한 모습에 저마다 감탄하지 않는 사람이 없었다.

그 나무들은 세종 때 맹사성이 손수 심은 것이라고 하니, 수령은 족히 630년이 넘는다. 그리고 고개를 들고 올려다보아야 할 만큼 키가 큰 나무는 높이가 35미터에 둘레가 10미터나 된다고 하니, 그 웅장함이 능히 도목道木으로 지정되고도 남을 위세였다.

그 댁 대문을 들어서면서, 나는 비가 오면 우산을 쓰고 책을 읽었다는 청백리의 사랑방이나 구경하겠지 싶었는데, 생각지 않게 그렇듯 크고 우람하고 아름다운 나무를 보게 되었다는 것은 또 한 번 내게 사유할 수 있는 감동의 여운을 안겨 준 셈이었다.

오대산 정상에서 본 그 아름드리 나무들이나, 맹씨행단孟氏杏檀에서 본 그 거대한 은행나무들이 내게 그토록 감탄과 감동을 안겨 주었던 이유는 무엇 때문이었을까. 그것은 그 나무들이 사람의 시선을 많이 모으는 한길에 있지 않고, 그렇게 보이지 않는 곳에서 자신을 묵묵히 지키고 있는 그 고고함 때문이 아니었을까. 그와 마찬가지로 사람도 정말 위대한 사람이라면, 아니 위대하다기보다는 그 인물됨이 참으로 진실한 사람이라면, 그렇게 남의 이목에 띄지 않는 곳에서 드러내고자 하는 욕심을 저버리고 고절高絕하게 자신을 지켜나가는 사람이지 않을까 하는 생각에 나는 매달리게 된 것이다.

어느 곳 어느 시대에 처한 사람이든지 간에, 사람은 누구나 자기현시욕自己顯示慾에서 벗어나는 일이 쉽지 않다. 남보다 더 돋보이고 싶고, 남보다 더 인정받고 싶고, 남보다 더 추앙받고 싶은 욕심은 어쩌면 인간의 본능 중에서도 가장 원초적인 것에 속할지 모른다. 그래서 사람들은 날마다 욕심의 꼬리를 붙들고 이렇듯 바삐 뛰어다니고 있는 것이 아닐까.

그러나 깊은 산중에 숨어 있는 나무처럼, 이 욕심이 난무하는 시대에서도 남의 눈에 띄지 않게 조용히, 그리고 흔들림 없는 자세로 살아가는 사람이 분명 어딘가에는 있을 것이다. 그라고 왜 세속적인 욕심이 없겠고, 그라고 왜 남보다 화려한 삶을 살아보고 싶은 마음이 없겠는가. 다만 그에게는 그 욕심을 이겨낼 수 있는 정신력이 있었고, 속기俗氣를 버림으로써 명징明澄을 얻는 지혜를 터득했음이 다르지 않겠는가. 그리고 그 고고함을 고독으로 안고 사는 삶의 경지가 실은 얼마나 충만한 삶인가를 일찍이 깨달았던 명철함이 있었기 때문이지 않겠는가.

세상에는 사람이 많은 만큼, 그 사람들이 영위해 가는 삶의 형태는 각양각색일 수밖에 없다. 그러나 어떤 삶이, 어떤 인간상이 자신에게 감동으로 다가오느냐 하는 것은, 그 사람의 인생관이나 생활철학과 상관되는 일일 것이다.

숨어 있는 나무, 그 나무의 의연한 모습이 이따금 내 머리 속에 선명하게 떠오르곤 한다. 그것은 욕심을 앞세우고 동분서주하는 사람들의 무리 속에 내가 낙오자처럼 뒤섞여 살아가고 있기 때문일까. 아니면 그 숨어 있는 나무같이 고독을 고고함으로 승화시키지 못하는 내 속물 근성의 잠재의식 때문일까.

(1990)

재회再會

이제 그와 함께 보낸 시간들을 조용히 돌아보자니, 한가롭게 마로니에 공원에 앉아 달 구경을 하던 날이 생각난다. 그날 우리는 자칭 글 좋고, 사람 좋고, 술 좋아하는 몇 사람의 문우들이 모여 문주회文酒會라는 것을 결성했다. 그리고 그는 그 모임에 당수로 선출되었다.

호화로운 장소에서 가진 결성대회가 약간 운치 없게 느껴진 우리는 이차로 동숭동 골목에 있는 포장마차집을 가기로 하고 일단 헤어졌다. 당수와 나는 같은 차에 타고 약속 장소로 갔으나, 우리는 그 곳을 얼른 찾을 수가 없었다. 그것은 밤이어서가 아니었다. 나는 그 장소를 어렴풋이 알고 있었을 뿐이고, 그는 그 장소를 전혀 모르고 있었기 때문이다.

몇 번이나 같은 길을 오르내리다가 차에서 내려 찬찬히 찾아보기로 했다. 지나가는 사람에게 물어보니 길을 건너가라고 일러주었다. 그래서 우리는 지하도로 해서 맞은편 거리로 나왔다. 그래도 그 장소를 찾을 수 없어 다시 물으니 이번에도 또 길을 건너야 한다고 가르쳐 주지 않는가. 그날은 참으로 무언가에 씌운 날 같았다. 이쪽에서 물으면 저쪽 길로 가라 하고, 그쪽에 가서 물으면 다시 길을 건너야 한다고 일러주니 말이었다. 그렇게 우리는 몇 번이나 길을 건너고 또 건넜다. 그러다가 다리가 아파 길가에 있는 벤치에 가서 잠시 걸터앉았다.

마로니에 공원은 밤이었지만 젊은이들로 활기에 넘쳐 있었다. 그 젊은이들 속에 젊지 않은 우리가 낯선 손님들처럼 섞여 앉아 있자니, 아르바이트를 하는 여대생이 땅콩을 사라고 왔다. 그는 그 학생이 지성적으로 생겼다고 칭찬해 주면서, 공부 잘하고 열심히 살라고 자상한 아버지같이 격려를 해 주었다.

우리는 젊은 연인들처럼 나란히 앉아 조그마한 봉지에서 땅콩을 한 개씩 꺼내 먹으면서, 새삼스럽게 달을 쳐다보았다. 그리고 달빛에 나뭇가지들이 아름다운 선을 이루고 있는 가로수들을 바라보았다. 도심의 공원에서 일에 바쁜 사람들이 그렇게 한가롭게 앉아 달 구경을 한다는 사실이 갑자기 마음을 여유롭게 만들었다. 우리는 그저 아무 생각도 하지 않고 그렇게 얼마 동안 편안한 마음으로 앉아 있었다. 그러다가 문득 우리를 기다리고 있을 일행 생각이 났다.

마침내 어느 골목에서 우연처럼 일행과 맞닥뜨렸을 때, 그들은 우리를 기다리다 못해 두 번씩이나 포장마차집을 들락거리며 술을 마셨다고 아우성들이었다. 그리고 그와 내가 길을 헤맨 것이 두 시간이나 되는지는 알 수 없어도, 그들은 그 두 시간의 증발(?)에 대해 짓궂은 상상들을 하며 그를 놀려대었다. 그는 그 놀림에 변명하느라 쩔쩔매었고, 나는 먹다 남은 몇 알의 땅콩을 내보이며 해명에 증거를 댔지만 소용이 없었다. 그날 이후로 일행은 심심하면 그 일을 구실삼아 그를 즐겁게 놀려대었고, 그럴 때마다 그는 기꺼이 그 놀림감이 되어 주었다.

그와 나 사이에는 언제나 술이 있었다. 우리는 한 번도 둘이서만 식사를 해본 적이 없다. 그가 아는 카페와 내가 아는 카페를 순례하면서, 우리는 술을 마셨고 수필 이야기를 했으며 우정을 논했다. 수필 이야기를 하다가 내가 어느 작품을 가지고 신랄한 비평을 하면, 그는 그런 내 모습이 자신의 젊은 시절의 모습과 닮았다고 하면서 재미있어 하였다. 그러다가 그 도度가 넘치면, "참 못생긴 여자"라고 놀려대어 내 화를 돋움으로써, 멈출 줄 모르는 독설을 그치게 하는 요령까지 그는 알고 있었다.

언젠가는 어느 지방 문우가 쓴 〈남녀 사이의 우정〉이라는 글을 놓고 열띤 토론을 벌인 적이 있었다. 그 글은 작가의 생각은 중립을 지키고 있었음에도 불구하고, 우리는 남녀 사이의 우정은 존재할 수 없다는 주제로 해석을 내렸다. 그래서 그

작가는 아마 이성 친구도 한 명 없는 모양이라고 보기 좋게 매도하면서 글과 사람을 싸잡아 성토할 만큼 우리는 의기가 투합되는 말벗이었다. 그러다가도 끝에 가서는, 내 눈흘김을 당할 줄 뻔히 알면서도, 자신도 앞으로는 '우정 불가론'에 동조할 것 같다는 말을 슬쩍 던져보는 짓궂음도 그에게는 있었다. 그러나 지금 이렇게 그와의 교유를 아름다운 시간으로 추억할 수 있는 것은, 그가 우리의 우정을 소중하게 지켜주었기 때문임을 안다.

그는 친구들에게 유별나게 정을 주었던 분이다. 어느 날 억울하게 실직을 당한 한 친구가 상경하여 그를 찾았을 때, 그는 낮부터 함께 술을 마시며 친구를 위로하였다고 한다. 그래도 그 안타까운 마음이 가라앉지를 않았든지, 귀가 길에 내 사무실로 전화를 했다. 아직 퇴근 시간이 아니라서 나갈 수 없음을 알면서도, 그는 내가 나간다는 승낙을 할 때까지 전화기에다 대고 끈질기게 노래를 불렀던 사람이다. 그렇게 그는 친구들을 좋아했고, 그런 마음이 바로 그에게 한가닥 초동樵童 같은 성정을 변함없이 간직할 수 있게 한 힘이 되었던 것은 아니었을까 싶다. 그의 인상과 지성은 날카로워 보였을지 모르나, 그가 친구들을 좋아하는 마음은 그렇듯 따뜻하고 깊었다.

술은 사람의 가식을 벗길 수 있어 매력이 있다고 한다. 그리고 모든 실수를 술탓으로 돌리면 면죄가 되는 편리함이 있다. 그러나 그는 아무리 술을 마셔도 정신이 흔들리지 않는 사람이었다. 그의 기억력은 만취일 때에도 그 일부분이 끊어져 버리는 예가 없었다. 그래서 그와 대화를 나눌 때면, 그것을 반복하는 번거로움이 없어서 좋았다. 그에게 있어서만은 취중농담이 아니라 취중진담이었다. 그만큼 그는 정신력이 강한 사람이었고, 늘 긴장을 풀지 않고 살았던 빈틈없는 사람이기도 했다.

그에게는 재미있는 술버릇이 한 가지 있었다. 우리의 기분 좋은 주량은 양주 한 병이었지만, 늘 한 잔만 더 하고 싶은 아쉬움 때문에 한 병을 다시 주문하곤 했다. 그러나 한 잔은 두 잔이 되고, 그러다가 결국 술이 조금밖에 남지 않게 되면, 그는 다시 오겠다는 약속을 하면서 병에다 금을 그어 두는 것이었다. 그러나 우리가 그 집에 다시 가서 그 술병을 찾아본 적은 없다. 그러면서도 그는 자리를 뜰 때면 언제나 병에다 금을 그어 두는 일을 잊지 않았고, 그런 그의 모습을 곁에서 지켜볼 때마다 나는 중국 영화의 마지막 자막 글씨 — 그 '재회再會'라는 두 글자가 머리 속에 떠오르곤 하였다.

그는 이제 거짓말처럼 갔다. 그가 마지막으로 참석했던 문우회 날, 유고遺稿가 된 그의 작품을 내 손에 쥐어주고 간 후, 영영 다시 올 수 없는 곳으로 떠나버린 것이다. 나는 그의 죽음을 실감할 수가 없었다. 그의 관 위에 흙 한 줌을 뿌리면서도, 웃고 있는 그의 얼굴에 흙을 뿌리는 듯한 착각이 들었다. 그러나 그 낯선 묘역에 그만 홀로 남겨두고 떠나올 때, 그가 이젠 이 세상 사람이 아님을 비로소 깨달았다. 생시의 그였더라면,

돌아오는 우리를 황황히 뒤따라오며 "우리 어디 가서 한잔 합시다." 하고 양손으로 한 사람씩 붙들었을 것이 아닌가. 정이 많아 헤어지는 것에 늘 미련을 갖던 사람—그런 그가 이젠 등 돌리며 떠나는 우리를 잡지 못한다. 이것이 이승과 저승의 차이라는 것일까.

그가 없는 지금에도, 어느 카페에는 금이 그어진 술병이 주인을 기다리며 있을 것이다. 그 술병은 아직도 재회를 약속하고 있는데, 그 주인은 다시 만날 기약도 없이 홀연히 우리 곁을 떠났다. 산 자와 죽은 자는 무엇으로 만나게 되는 것일까.

그를 땅 속에 묻고 살아 있는 사람들의 세상으로 돌아올 때, 그의 웃는 얼굴이 어디까지나 우리를 따라오는 것만 같아 마음 속으로 뒤를 돌아보고 또 돌아보았다. 그러나 그것은 내 어리석은 불망不忘일 뿐, 그는 생전에 그랬듯이 두 손 모아 합장하며 그렇게 우리를 떠나보냈을는지도 모른다.

(1991. 3. 13)

실종失踪

버스에서 내리기 위해 승강구 앞에 서 있다가 무심히 한 사진 위에 눈길이 멎었다. 엽서 한 장만한 크기의 그 사진에는 "사람을 찾습니다."라는 고딕체 글씨가 커다랗게 박혀 있었다. 그것은 사람을 찾는 광고 전단이었다. 그 전단에는 주소, 나이, 키, 인상착의 같은 것이 자세히 씌어 있을 뿐 아니라 한옆에는 천연색 사진까지 실려 있었다.

자기 집의 마당인 성싶은 곳에서 팔짱을 끼고 하늘을 올려다보고 있는 사람은 평범한 얼굴의 중년 남자였다. 그리고 그 옆으로는 빨간 달리아 꽃들이 성큼하니 피어 있었다. 사진 속으로 보이는 작은 화단은 그 사람의 소박한 생활을 잘 나타내 주고 있는 것 같았다.

이 사진을 찍었던 어느 해 봄, 어쩌면 사진 속의 남자는 아이들과 함께 화단에 꽃씨를 심었을지 모른다. 그는 모종삽을 들고 채송화와 나팔꽃 같은 순박한 꽃씨를 흙 속에 묻으면서, 아름다운 모습으로 가꾸어질 그의 화단을 머리 속에 그려 보았으리라. 그리고 그 옆에서 잔시중을 들고 있던 그의 아내는 고운 흙에 촉촉이 물을 뿌리면서, 행복이란 결코 크고 화려한 것에만 있지 않다는 것을 새삼 실감했을 것이다.

봄볕이 따스하던 어느 날, 드디어 그들의 화단에는 다투듯 꽃들이 피어났다. 이른 봄 정성스런 손길로 심었던 씨앗들이 그 가정에 기쁨을 선사한 것이다. 남자는 작은 사진기를 가지고 그 꽃들 앞에서 가족의 사진을 찍어 주었으리라. 처음에는 꽃보다 예쁜 자기 아이들을 화단 앞에 세웠을 것이다. 다음에는 그 아이들을 양팔에 안은 사랑하는 아내의 모습을 찍었을 것임에 틀림이 없다. 그러다가 문득 그 자신도 사진이 찍고 싶어졌을까. 그는 배우처럼 멋진 포즈를 취하고 꽃 앞에 섰다. 하늘을 쳐다보면 더 멋있지 않을까. 팔을 늘어뜨리기보다는 팔짱을 끼는 편이 더 근사해 보이겠지. 그렇게 남자는 자기 연출을 하면서 화단 앞에 섰고, 그의 아내는 그런 그를 렌즈 속으로 들여다보면서 남편이 아닌 행복을 찍었을 것이다. "사람을 찾습니다."라는 그 절박한 호소에도 불구하고, 광고 전단 속의 사진은 그렇게 평화스럽게만 보였다.

그런 남자가, 그런 가장이 어느 날 갑자기 왜 실종이 되었을까. 그가 집으로 돌아오지 않은 첫날은, 살다 보면 피치 못할 일이란 것도 생기게 마련이라 그다지 대수롭지 않게 여겼을지 모른다. 그러나 다음날도, 또 그 다음날도 남자는 돌아오지 않고, 아무도 그의 행방을 알 수 없게 되자, 집에서 없어진 것은 가장 한 사람뿐만이 아니라 행복 그 자체도 없어져 버렸다는 사실을 깨달았을 것이다.

사람이 별로 뚜렷한 이유도 없이 갑자기 사라져 버렸다면, 그 원인을 어떻게 추측해 볼 수 있을까. 우선 교통 사고라든지 나쁜 사람의 유괴 같은 불의의 사고를 생각해 볼 수 있을 것이다. 그러나 한편으로는 실종의 이유가 흔히 생각할 수 있는 그런 불의의 탓이 아니라, 어쩌면 자신의 자유 의지에 의해 이루어졌을지도 모른다는 가정 또한 배제할 수가 없다. 광고 전단 맨 밑에 씌어 있는 "아빠, 돌아오세요."라는 문구는, 내 생각을 왠지 자꾸만 그런 쪽으로 이끌어가고 있었다.

그렇다면 단란했던 한 집안의 가장이 무슨 이유로 어느 날 갑자기 가출하고 싶은 충동이 일었을까. 그는 왜 그 나이에 가출하지 않으면 안 되었을까. 무엇이 그로 하여금 가출하도록 유도해 내었을까. 그는 무엇을 찾기 위해 집 밖을 헤매고 있는 것일까.

카프카의 〈변신〉에서 주인공 그레고르 잠자는, 자신의 삶을 갖고 싶다는 생각이 원인이 되어 어느 날 아침, 흉측한 벌레로 변신해 버린다. 그는 지금껏 한 가정의 선량한 아들로서 도리를 다해 왔으며, 사회적으로도 모범적인 시민이었다. 그러나 그것은 다른 한편으로는 그의 존재가 가족을 위한, 사회를 위한 존재이고 자기 자신을 위한 존재는 아니라는 것을 의미한다. 자신과 관계를 유지해야 할 '자기'가 자기 자신 이외의 것에 관계하는, 달리 말하면 자기의 본래성을 상실한 상태로 전락해 버린 것이다. 이 전락에 의하여, 즉 인간의 본래성을 방기放棄함으로써 그는 지금껏 선량한 아들로서 모범적인 시민으로서 그 사회에 머물러 있을 수가 있었지 않은가.

그러나 인간의 본래성에 대한 자각을 통하여 자기 자신의 삶을 가지려는 생각을 갖게 된 순간, 주인공은 사회로부터 축출되는 비극을 겪게 된다. 벌레로의 변신은 존재의 제로 지점이나 같은 것이다.

평범한 모든 가장이 그렇듯이, 그들의 삶의 의미는 아이들과 아내와 가정의 행복을 위해 헌신하는 데 있다. 그러다가 어느 순간 문득 '자기'라는 존재를 돌아보게 되면서부터 허무라고 하는 아주 낯선 감정과 맞닥뜨리게 된다. 허무란 아내들만 맛보는 감정이 아니다. 모든 책임을 두 어깨에 걸머진 가장들이 정신적으로 지치게 되면, 허무는 순식간에 그들을 삼켜 버리면서, 한없이 나약한 구렁 속으로 빠져 들어가게 만든다. 그리고 거기에서부터 존재에 대한 회의와 갈등은 시작되는 것이다. 사진 속의 남자도 자기의 존재를 찾기 위해 가출을 감행했을까. 가출은, 어쩌면 그에게 변신의 한 형태였을는지도 모른다.

모든 멍에로부터 탈출한 그는 지금쯤 어디를 활보하고 있을까. 그는 진정 자유를 찾았을까. 그러나 이 시대에 자기의 본래성을 상실한 자가 어디 이 한 사람뿐이겠는가. 현대 사회는 어쩌면 인간성의 실종을 집요하게 부추기고 있는지도 모른다. 또 사회라는 거대한 메커니즘 속에서 잃어버린 것은 자아自我뿐만이 아닐 것이다. 우리의 도덕성과 신뢰성, 그리고 진실과 사랑마저도 잃어버린 지 오래인 것만 같다.

우리는 정녕 실종 시대에 살고 있는 것일까.

(1992)

안개

시골 언니네 집은 산 중턱에 자리잡고 있어 지대가 높은 편이다. 마루에 앉아 멀리 앞을 내다보면, 너른 논이 시원하게 펼쳐져 있는 모습을 한눈에 볼 수 있다. 평야처럼 가리는 것이 없어 시야가 훤히 트인 그 전경을 바라보고 있노라면, 마치 언니가 몇 천 평, 아니 몇 만 평의 잔디밭을 소유한 큰 부자처럼 여겨진다.

논을 끼고는 넓지 않은 신작로가 있다. 그 길은 한쪽으로는 기차역으로 나 있고, 다른 한쪽으로는 안골로 들어간다. 언니네 동네에는 혼자 사는 할머니들이 많다. 자식들이 모두 외지에 나가 살고 있으니, 할머니들은 하루 종일 신작로를 내다보며 누군가를 막연히 기다리는 그리움 속에서들 산다. 이들에게서 기다리는 일을 빼면 무엇이 남을까. 기다림은 삶의 희망이자 목적 같은 것일지도 모른다. 할머니들은 이제 세월에 주름살이 지는 것이 아니라, 기다리는 그리움으로 마음의 주름살이 더 늘어가는 것은 아닐까.

그러나 그 신작로는 언제 보아도 텅 비어 있다. 햇빛이 밝은 날에는 눈부신 햇살만이 가득하고, 비가 오는 날에는 빗줄기가 그 길을 조용히 메운다. 시골의 정적은 평화라기보다는 고적孤寂이라 하는 편이 더 어울린다. 그런 길에 어쩌다가 점처럼 사람의 모습이 나타나면, 그날 어느 집에선가는 모처럼 사람 사는 소리가 새어나오게 되는 것이다.

언니네 집에 놀러 가면, 마루에 앉아 그 너른 들판을 바라보는 것이 즐겁다. 그냥 바라보고만 있어도 가슴이 트이는 것같이 기분이 상쾌해진다. 그러다가 갑자기 정적을 산산이 조각내는 금속성 소리에 놀라 무료함에서 깨어나곤 한다.

기차— 그 너른 논 한가운데로 경적을 울리며 기차가 지나가고 있는 것이다. 기차가 지나가면, 정적靜的인 풍경은 갑자기 동적動的인 풍경으로 바뀐다. 나른할 정도로 조용하기만 하던 들판이 갑자기 기지개를 켜며 잠에서 깨어나는 것이다.

하루에도 몇 차례씩 기차들이 엇갈리고, 밤에는 불이 환히 켜진 밤차가 이 간이역을 그대로 통과한다. 밤차를 보면, 나도 어딘가로 떠나고 싶은 충동이 인다. 그래서 언젠가는 그 밤차를 바라만 볼 것이 아니라 꼭 한번 타 보아야겠다는 마음을 갖게 된다. 밤차를 타 보고 싶은 것은, 아침 안개를 헤치고 기차에서 내리는 어린 시절의 나로 다시 돌아가 보고 싶은 마음 때문인지도 모른다. 그리고 그 안개 속에 누군가가 나를 기다리고 서 있을 것만 같은 설레임을 다시 한번 느끼고 싶어서인지도 모른다.

어렸을 때 방학이 되면, 나는 늘 새벽 기차를 타고 고향엘 내려갔다. 잠이 덜 깬 눈을 두 손으로 비비면서 어른들을 따라 역으로 나갈 때면, 고향에 내려간다는 기쁨보다는 억지로 빠져나온 잠자리에 더 미련이 감기곤 하였다. 새벽의 습한 공기, 시커먼 기차, 그리고 귀청이 찢어질 듯이 요란한 소리를 지르며 화통에서 뿜어대는 흰 연기 — 어렸을 때 고향에 대한 내 추억은 늘 여기에서부터 출발한다.

끊임없이 덜커덩거리는 바퀴 소리를 들으며 꾸벅꾸벅 졸다가 보면, 기차는 어느 사이 목적지에 닿아 가쁜 숨을 몰아쉬고 있는 것이었다. 그리고 조용하던 기차 칸은 갑자기 역에서 올라탄 행상들의 외침 소리로 시끄러워지곤 하였다. 그러면 나는 책가방을 챙겨 들고 승강구의 계단을 내려간다.

역 플랫폼에는 언제나 마중 나온 사람들로 붐볐지만, 그들의 얼굴은 안개에 가려 잘 보이지를 않았다. 그러나 내가 기차의 마지막 계단을 내려서면서 보면, 거기에는 늘 반가운 얼굴이 나를 기다리고 서 있었다. 아침 안개가 밀려가는 그 틈서리로 언뜻 비치는 그 낯익은 모습, 그것은 나를 마중 나와 계시는 큰어머니의 모습이었다. 꼿꼿한 자세로 서서 내가 내려오기만을 기다리시는 그 모습을 뵐 때면, 그제야 나는 완전히 잠이 깨면서 고향에 내려왔다는 실감이 들곤 하였다.

그러다가 개학이 되어 다시 서울로 올라와야 할 때는, 나는 또 새벽 기차를 탔다. 그리고 이번에는 새벽 안개 속에서 나를 말없이 배웅하고 서 계시는 큰어머니를 향해 손을 흔들며 공연히 눈시울을 붉히곤 했다. 지금도 내 마음속에서 잊혀지지 않는 영상은 새벽 안개 속에 묵묵히 서 계시던 큰어머니의 마른 모습이다. 그것은 아마 떠나보내는 섭섭함을 속으로만 삭이고 계시던 그분의 사랑이 내게 감동으로 전해져 왔기 때문일지도 모른다.

그때 큰어머니에게도 기다림이란 삶의 기쁨이자 목적이었다. 슬하에 자식이 없어 우리 형제들을 당신이 낳은 자식이나 다름없이 사랑해 주셨던 분, 그분의 모습도 이제는 기억의 안개 속에서 희미해져 가기만 한다.

그분이 돌아가시어 산역山役을 하던 날은 눈이 무척이나 많이 내렸다. 성품이 칼칼하여 생신날도 늘 춥기만 하더니, 돌아가신 날도 그렇게 추울 수가 없었다. 산역꾼들이 몸을 녹이느라 피워 놓은 모닥불 곁에 우리는 웅숭그리고 서 있었다. 그러다가 어디서 날아왔는지 모를 불똥이 내 하얀 상복에 튀어 순식간에 저고리 앞자락을 커다랗게 태워버렸다. 사람들은 불을 끄느라 소란을 피웠고, 그러는 사이에 누군가는 그것을 길조吉兆라고 하면서 놀라 당황해 하는 나를 위로하였다. 그 순간 나는 돌아가신 분의 영혼이 한 가닥 내게로 옮겨 온 것은 아닐까 하는 생각을 하면서도, 한편 그렇다면 왜 하필 나일까 하는 의아심이 일었다. 큰어머니가 생전에 가장 사랑하셨던 사람은 바로 내 큰언니였기 때문이다.

그날 발목이 푹푹 빠질 정도로 쌓인 눈 속을 걸어 내려오면서, 큰어머니가 우리에게 쏟았던 사랑 한편에서 그분만이 느꼈을 외로움을 떠올렸다. 이젠 우리만을 기다리시던 큰어머니도 가신 지 오래이고, 그분이 홀로 지키시던 고향집도 헐리고 없어졌더라는 소식을 들었다. 그래도 나는 꼭 한 번, 밤차를 타 보고 싶다. 그리고 새벽 안개가 자욱한 플랫폼에 다시 내려서고 싶다. 그러면 내 그리운 이들이 모두 거기에 서서 나를 기다려 줄 것만 같은 생각이 드는 것이다.

안개는 날이 밝으면 걷혀지고, 그리운 이들은 세월 속에 잊혀져 간다. 그것이 자연의 순리라는 것은 알면서도, 허전한 마음이 안개처럼 서리는 것은 웬일일까.

(1992)

생존의 의미

상喪을 당한 후배가 있어 문상을 다녀오는 길이었다. 인천에서 떠날 때는 저녁 해가 아직 이울지 않았는데, 영등포역에서 내리니 날은 이미 어두워져 있었다.

집으로 가는 버스를 타려고 문래동 쪽으로 접어들었다. 그러고는 아무 생각 없이 얼마 동안 길을 따라 걸었다. 아니, 조금 전에 헤어진 후배를 생각하고, 그가 들려준 그 집안의 복잡한 가정사를 머리 속에 떠올리고 있었는지도 모른다. 그러다가 문득 이 길이 왜 이렇게 어두울까 하는 의문이 들었다. 길가에는 상점도 없고 가로등마저 그 불빛이 희미해서 앞에서 오는 사람의 얼굴조차 알아보기 힘들 정도였다.

그러나 이따금 지나가는 불빛이 순간적으로 어둠을 걷어내곤 하였다. 그런데 그 짧게 지나가는 불빛 속으로 언뜻 눈에 들어오는 것이 있었다. 길가에 드문드문 쭈그리고 앉아 등을 보이고 있는 중년 여인들의 모습이었다. 외출한 가족을 기다리는 주부의 모습. 자식들이 걱정되어 길가에까지 마중 나와 있는 어머니의 모습은 그것이 누구의 어머니이든 정감 있게 보인다.

그런데 내 이런 상식적인 상상을 뒤흔들어 놓는 일들이 곧 이어 벌어졌다. 그것은 요란한 경적을 울리며 어디선가 갑자기 경찰 백차가 들이닥칠 적마다 여인들이 일제히 일어나 골목으로 숨어 버린다는 사실이었다. 처음에는 사람을 쫓아 버리는 듯한 백차의 접근과 여인들의 피신을 한 끈에 연관시키지 못했다. 그러나 그런 일이 반복되고, 내용은 분명치 않으나 백차에서 위압적인 목소리로 경고 방송이 계속되자 비로소 조금씩 이상한 생각이 들기 시작했다.

그리고 갑자기 알 수 없는 어떤 공포감이 온몸에 소름처럼 돋아나는 것을 느꼈다. 그러나 그 공포감의 정체가 무엇인지 나로서는 분명하게 알 수가 없었다. 그러면서도 그 길에 자욱하게 가라앉아 있는 어떤 음산한 분위기는 나를 두려움에 휩싸이게 했다.

한번 두려운 생각이 들자, 그 길이 갑자기 매우 멀게 여겨졌다. 아무리 걸어도 정류장은 나오지 않을 것 같고, 행인들도 어쩌다 한두 명 스쳐 지나갈 뿐, 길은 무덤같이 조용하기만 했다. 어딘가에는 분명 살아 숨쉬는 인간들이 있을 텐데도, 그들은 모두 어둠 속에 몸을 감추고 숨을 죽이고 있는 것만 같았다.

나는 발걸음을 서둘러 옮겨 놓았다. 그러나 그것은 어디까지나 마음뿐이었다. 그때 문득 작은 상자 속에서 쳇바퀴를 돌리고 있는 다람쥐의 모습이 떠올랐다. 굴려도 굴려도 제자리걸음만 하는 반복의 허무. 다람쥐에게 만일 지각능력이라는 것이 있다면, 아마 자신의 그런 무의미한 행위에 미쳐 버렸을지도 모른다. 나는 걸으면서도 내 발걸음이 제자리만 헛딛고 있는 것이 아닌가 하는 조바심이 들었다. 그런 생각은 내 걸음을 더욱 허둥대게 만들었고, 의식은 따라서 더욱 나를 불안하게 하였다.

드디어 정류장에 닿았다. 그 곳은 그래도 조금 밝았다. 그리고 몇 사람이 서서 버스를 기다리고 있었다. 정류장의 푯말을 비추고 있는 불빛 속으로 한 발을 들이밀었을 때, 나는 마치 결승점에 도달한 마라톤 주자走者의 안도감 같은 것을 느꼈다. 나는 마침내 어둠의 세계에서 밝은 세계로 나온 것이다. 그때만큼 밝다는 것이 선善과 편안함의 상징임을 절실하게 느껴본 적은 없었다.

버스표를 파는 간이 구조물 앞에서는 한 쌍의 남녀가 낮은 소리로 소근대고 있었다. 불빛을 받고 있는 남자의 얼굴은 앳되어 보였으나, 여자의 얼굴은 어둠에 가려 보이지 않았다. 그들은 뭔가 가볍게 승강이를 벌이고 있는 것 같았다. 그런데 이상한 것은 그들의 행동이었다. 여자는 자꾸 청년의 옷소매를 끌어당겼고, 청년은 어설프게 거부하는 몸짓을 보였다. 그들의 그런 행동은 그 움직임이 너무도 작아서 무심한 눈길에는 언뜻 들어오지 않을 정도였다.

여자는 쉽게 단념할 기세가 아니었다. 그렇다고 거칠게 도전적이지도 않았다. 머뭇거리는 듯한 남자의 태도와 단호하게 거부하지 못하는 소극성 때문에 청년은 생각보다 어린 사람이 아닌가 짐작되었다. 그러다가 마침내 청년은 여인의 집요한 손길에 이끌려 어딘가로 사라져 갔다. 그들이 서 있던 자리는 다시 어둠으로 가득 메워졌다.

버스가 왔다. 이젠 그것이 어느 방향으로 가든 상관이 없었다. 나는 불빛으로 가득한 버스 안으로 들어갔다. 그리고 승객의 얼굴이 똑똑히 보이는 불빛 속에 내가 있다는 것이 그렇게 안심이 될 수가 없었다.

버스에 앉아 가면서도 여인의 손에 이끌려 간 청년의 모습이 머리 속에서 떠나지 않았다. 그 청년이 생판 남이 아니고 내 조카일 수도 있지 않는가 하는 개연성에 생각이 미치자, 나는 우리 아이들을 그런 유혹의 손길에서 지켜주어야 한다는 강한 책임의식을 느꼈다. 내 아이들은 그런 사회의 어두운 면을 모르고 순결하게 자신을 지켜갈 수 있기를 간절히 바라는 마음이 되었다.

여인들은 어찌하여 밤거리에 나서지 않으면 안 되었을까. 남의 불행을 객관적인 시각으로 추측해 보기란 쉽다. 그래서 사람들은 자기가 이해할 수 있는 범위 안에서 곧잘 편견에 사로잡히게 된다. 그러나 그 원인이 자의였든 타의였든, 그들은 불행한 별자리를 타고 난 사람들임에는 틀림이 없다.

백차의 불빛을 피해 골목으로 달아나던 여인의 모습이 조금만 더 젊었더라면, 나는 그를 잊어버렸을지도 모른다. 그러나 그 여인은 젊지 않았다. 그가 남들처럼 평범한 삶을 사는 여인이었다면, 그의 팔에는 손자나 안고 있어야 할 그런 나이 같지 않았던가.

오늘도 어두운 골목길에서 지나가는 남자의 옷소매를 붙들고 있을 여인들의 모습을 상상해 본다. 그들에게 생존이란 무엇일까. 조물주는 풀 한 포기, 미물 하나에도 그 존재 의의를 부여했다고 하는데, 그들에게는 어떤 의미가 예비되어 있는 것일까.

산다는 것은 어떤 말로 폄하더라도 축복이요 은혜임엔 틀림없다. 그러나 살아 있음이 곧 욕辱일 수도 있는 삶들이 우리 사회에 존재한다는 사실을 나는 그 날 아픈 마음으로 보았다. 내 의식 속에 끈끈하게 매달려 있는 한 여인을 떠올릴 적마다, 나는 생존의 의미라는 좀더 본질적인 문제를 생각해 보지 않을 수 없는 것이다.

(1992)

남자 수의壽衣를 입고 떠난 당신

당신이 누구인지 나는 모릅니다. 어떻게 생긴 분이고 이름은 무엇인지는 더욱 알지 못합니다. 그러면서도 당신은 내 기억 속에서 지워지지 않는 한 여인이 되었습니다.

당신에 대한 기사가 큼직하게 실려 있는 신문을 읽게 된 아침, 나는 갑자기 온몸이 굳어 버리는 것 같은 느낌이 들었습니다. 9층 아파트에서 뛰어내려 서른한 살의 나이로 생을 스스로 마감하지 않으면 안 되었던 당신. 여자이면서도 남자 수의壽衣를 입고 한줌 재로 사라져 가야만 했던 당신. 당신의 짧은 일생이 건조한 문체로 요약된 내용은 원고지 석 장 이내의 분량이었습니다.

당신의 대학 2학년은 참으로 끔찍했군요. 그러나 우리가 2학년일 때, 어떤 모습에 어떤 생각을 하고 있었는지 생각나십니까. 1학년 때는 대학 생활에 잘 적응이 안 돼 몸도 마음도 고등학교의 연장이나 다름없었지요. 갑자기 주어진 자율自律에 당황하여 오히려 규제가 편안하게 느껴지는 착각도 했고, 자신이 전공으로 택한 학문은 어디에서부터 손을 대야 하는 것인지조차 몰라 암담해하기도 했었습니다. 그러다가 2학년이 되면, 그제야 사복이 자연스럽게 어울리게 되는 것과 같이 우리의 대학 생활은 틀이 잡혀 가기 시작했지요.

그 나이에 우리가 상상하던 사랑은 또한 얼마나 아름답고 순결했습니까. 그 당시 내 선배 중에는 아름다운 사랑을 나누던 연인이 있었습니다. 창백한 인상을 지닌 여자 선배와 문학을 하던 같은 학과의 남자 선배가 추운 겨울날 하숙방에서 한 담요 속에 발을 넣고 밤새껏 이야기를 나누었어도, 그 연인들은 아무 일도 없었다는 이야기가 바람에 실려 날아다녔습니다. 나는 '아무 일도 없었다.'는 것과 '어떤 일이 있었다.'는 것의 차이점도 분명하게 모르면서, 그 이야기에 무턱대고 감동하였습니다. 그리고 진정한 사랑은 그렇게 순수할 것이라는 환상에 사로잡혀 지극히 아름다운 것을 동경하던 티 없는 시절이기도 했지요.

그런데 당신의 대학 2학년은 어떠했습니까. 당신은 밤늦게 도서관에서 공부에 열중할 만큼 학업에 충실한 학생이었을 겁니다. 남보다 조용하고 생각이 깊었을 당신은 그때 벌써 졸업 후의 진로에 대해 마음속으로 설계하고 있었을는지도 모릅니다. 전공을 살려 사회에서 활동하는 전문직 여성이 되든가, 좋은 남자를 만나 행복한 가정을 꾸려 가는 자신의 모습을 상상해 보면서 희망으로 가득한 나날을 보내고 있었을 겁니다.

사실 그 두 가지 꿈이 당신에게는 모두 가능한 일이었습니다. 그때 우리에게는 모든 것이 가능성으로 비쳐졌고, 굳이 나폴레옹의 말을 빌리지 않더라도 우리의 사전에는 불가능이란 단어는 없었던 시절이었으니까요.

그런 대학 2학년 때, 당신에게는 하늘이 무너져 내리는 것 같은, 아니 그런 상투적인 비유로써는 표현하기조차 부족한 끔찍한 사건이 일어난 것입니다. 학교 도서관에서 밤늦게 집으로 돌아가던 당신이 흉기를 든 청년들에게 끌려가 몹쓸 짓을 당한 것입니다. 어찌 이런 일이, 사람을 어머니로 하여 태어난 인간들의 사회에서 일어날 수 있으리라 상상이나 했겠습니까.

그 일이 있은 뒤 보름만에 당신은 수면제를 먹고 자살을 기도했습니다. 그 보름 동안 당신이 받은 충격을 혼자 삭혀야만 했을 절망감을 생각하면, 가슴이 죄어 오는 듯한 아픔을 느낍니다. 그런 일을 누구에게 말할 수 있었겠습니까. 어머니나 친구에게도, 아니 신에게조차도 당신은 그 일을 고백할 수 없었을 겁니다.

자살 미수의 후유증으로 당신은 실어증失語症에다 대인기피증이라는 증세까지 갖게 되었습니다. 사실 말이란 것이 당신에게는 이제 소용이 없게 되었을 겁니다. 말이란 그래도 무언가 할 말이 있을 때 필요한 것인데, 당신은 아예 할 말을 잃어버리고 말았기 때문입니다.

사람들은 때로 위로를 받고 싶을 때 슬며시 말을 꺼내기도 하지요. 그러나 타인으로부터 위로를 받고 싶다는 생각이 들게 될 때면, 그 사람은 이미 혼자의 힘으로 어느 정도 자신을 추스린 상태에 있는 것입니다. 하지만 당신에게는 그 엄청난 충격에서 헤어날 수 있는 힘이 없었습니다. 그래서 침묵 속에 자신을 도피시킬 수밖에는 다른 방도가 없었을 겁니다.

스물한 살이라는 나이는 고독의 정체도 모르면서 고독을 사랑하는 나이라고 생각합니다. 아니 실은 모든 것을 사랑하고 싶은 마음을 주체할 수 없어 고독조차 사랑하는 것일지도 모릅니다. 그러나 아무리 혼자 있고 싶은 마음이 크다 해도, 사람을 피하거나 두려워하지는 않습니다. 사람은 사람과 만남으로써 비로소 인생을 배우게 되는 것이니까요. 그러므로 당신에게 찾아온 그 대인기피증이란 바로 인간에 대한 환멸, 나아가 인생에 대한 혐오 그것이 아니고 무엇이었겠습니까.

그래도 당신은 꿋꿋했습니다. 아니, 꿋꿋하려 노력했습니다. 아무에게도 그 일을 말할 용기는 없었지만, 혼자서 새출발을 해 보려고 학교까지 옮겼습니다. 그러나 "모든 것을 잊으려 노력했지만 그럴수록 지난날의 악몽은 더욱 나 자신을 죄어왔다."고 당신은 일기에 썼습니다. 악몽은 꿈에서 깨어나기만 하면 곧 잊어버리게 되지만, 당신은 그 악몽과 함께 영원히 잠들고 싶어 또다시 자살을 기도했습니다. 당신이 할 수 있는 일이란 그렇게 수없이 자살을 기도하는 일이 아니면, 신경안정제를 먹고 망각 속에 자신을 침잠시키는 일밖에는 없었습니다.

그러는 가운데서도 세월은 갔습니다. 누가 말했던가요, 세월이 약이라고 말입니다. 그러나 그 말이 당신에게는 해당되지 않았습니다. 그 사건이 있은 지 10년이 되었지만, 당신은 여전히 그 악몽에서 헤어나지 못했습니다.

새벽 0시 30분, 당신은 결국 뛰어내렸습니다. 10년 동안 그렇게도 집요하게 매달렸던 오직 한 가지 소망, 그것을 마침내 당신은 이루어 낸 것입니다. 그러나 당신의 그 '소원 성취'에 우리가 축하의 박수를 보내기에는 너무나 마음이 아프군요. 기자는 당신의 마지막을 이렇게 썼습니다. "유서도 한 통 남기지 않은 채 그는 아무도 덜어 줄 수 없는 고통의 사슬을 스스로 끊었다."고 말입니다.

뒤늦게서야 당신의 그 끔찍한 사건을 알게 된 어머니는 그렇게 고통스러워하는 딸을 옆에서 지켜만 보고 있어야 하는 것이 괴로워 그 동안 자신이 먼저 죽고 싶었노라고 통곡했습니다. 가족은 당신의 시신에 남자 수의를 입히면서, 여자였기 때문에 겪었던 불행에서 벗어나 다시 태어날 땐 남자로 태어나기를 발원發願했습니다.

그렇게 해서 서른한 살의 당신은 한줌 재로 사라졌습니다. 이 사회에는 또 어느 구석에 당신처럼 죽음보다 더한 고통에 시달리고 있는 여성이 있을지 아무도 모를 일입니다. 이것이 어찌 그들만의 개인적인 비극으로 돌릴 수 있는 문제이겠습니까.

그러나 당신께 조심스럽게 묻고 싶습니다. 당신이 취할 수 있는 길이란 그렇게 스스로 생을 포기하는 것밖에는 없었느냐고 말입니다. 당신의 자살은, 당신과 똑같은 고통에 시달리는 많은 여성들에게 구원이 아닌 절망을 안겨 주는 일이라고는 생각해 보지 않았습니까.

순결은 육체적인 것만을 뜻하지는 않습니다. 여인의 순결을 육체적인 것에 둔 것은 남성들의 독선일 따름입니다. 설령 타의에 의해 순결을 잃었다 해도 당신의 영혼이 그것을 잃지 않았으면 당신은 누구 못지 않게 순결한 것입니다. 이 세상에는 육체보다 정신이 깨끗지 못한 사람이 얼마나 많습니까. 그리고 그 어느 것도 생명의 존엄성에 앞서는 것은 없지 않을까 생각됩니다.

끝으로 당신께 기원합니다. 당신의 가족은 그렇게 발원했지만, 당신은 내세에 남자로 태어나지 말고 다시 여성으로 태어나시라고 말입니다. 그리하여 여인만이 가질 수 있는 모든 행복을 마음껏 누리시기 바랍니다. 그러다가 당신이 마지막 갈 때에는, 녹의홍상綠衣紅裳에 원삼을 입은 아름다운 여인의 모습으로 떠나시기 진심으로 축원합니다.

(1992)

생일날 아침

생일날 아침 일찌감치 찬밥 한술을 떠먹고 도서관으로 간다. 거의 반년 동안 주무르고만 있는 한 논문을 쓰기 위해 조용한 곳을 찾아가는 길이지만, 실은 집으로 찾아올지도 모르는 식구들을 피해 달아나고 있는 것이다.

아침에는 어머니께 해서는 안 될 말을 기어이 하고 말았다. 실수로 이부자리를 적시는 것이 비단 어제 오늘의 일도 아니건만, 그럴 적마다 내 인내심은 한계에 부딪히곤 한다. 그러면서 곧 내 행동이 후회되고 죄스럽게 생각되는 한편, 진자리 마른자리도 구별하지 못하는 어머니가 가여워 견딜 수가 없다.

어머니가 처음 풍風으로 쓰러지셨을 때, 나는 신이라는 존재가 과연 있는가 의심스러웠다. 정녕 신이 있다면, 내 어머니가 어떤 분이고 또 어떤 마음 자세로 평생을 살아온 분인가는 누구보다 잘 알 것이기 때문이다. 어머니는 인내하고 양보하는 것밖에는 모르고 사신 분이다. 이런 분에게 잠자듯이 편안하게 돌아가실 수 있는 복이나마 안겨 드릴 수는 없었을까.

어머니는 다행히 자리 보전은 하지 않아도 될 만큼 차도를 보였다. 그러나 그전의 모습으로 완전하게 돌아갈 수는 없었다. 예전의 어머니는 여든이 넘은 연세이면서도 일을 찾아 하실 만큼 부지런하셨다. 밤늦게 돌아오는 손자를 기다리느라 마음놓고 편안히 주무시지도 못하고, 당신의 빨랫감은 남에게 내주신 적이 없을 만큼 깔끔하셨다. 여름에도 반드시 버선이나 양말을 찾아 신으시고, 발병하기 전까지는 기름을 발라 얌전하게 쪽을 찌고 계셨다. 또 생일과 제삿날은 적어 놓지 않았어도 잊어버린 적이 없고, 새벽이면 누가 깰세라 발소리 죽이며 손수 아침 준비를 하시곤 했다.

그러나 어머니는 이제 그 많은 일들을 손에서 놓으셨고, 그 잡다한 기억들을 죄다 잊으셨다. 이젠 제삿날이 돌아와도 알지 못하고, 그렇게 사랑하는 손자들의 이름도 한참을 생각해야 겨우 기억해 내실 뿐이다. 달라진 것은 그뿐만이 아니다. 생전에는 결코 자르지 못할 것 같던 쪽도 병원에서 잘라 커트머리가 되었고, 하루에도 수없이 속옷을 적셔도 그것을 부끄러워하시지 않게 되었다.

어머니가 이렇게 건강을 잃은 것은, 받기만 하는 자식들이 이제는 어머니를 위해 마음을 쏟아야 할 때라는 것을 가르치고

자 한 어떤 뜻이 아니었을까. 그러나 혼자서는 눕지도 일어나지도 못하는 어머니를 부축해 드릴 때마다 이런 시중은 결코 당신에게는 호강이 될 수 없다는 생각을 하게 된다. 그리고 어머니의 발병이 정녕 자식들을 깨우치기 위한 어떤 섭리였다고 한다면, 그로 인해 당신이 겪으시는 이 고통은 또 어떻게 보상해 드려야 할 것인가.

퇴원한 어머니를 내 집으로 모셔 올 때, 당신은 한사코 아들네 집에 있고 싶어 하셨다. 그래서 당분간만 와 계시는 것이라고 설득을 해야만 했다. 어머니가 건강했을 때 내 집에 오면 일주일을 넘겨 있지 못하셨다. 그 일주일 동안에 어머니는 당신이 해야 할 일들을 모두 끝마치는 것이다. 그러고는 서둘러 아들과 손자가 있는 집으로 돌아가시곤 했다.

그런 어머니가 집을 떠나 계신 지도 어느새 2년이 다 되어간다. 그러니 속으로 얼마나 당신이 몸담고 있는 집으로 돌아가고 싶어 하실까는 짐작이 가고도 남는다. 그러나 어머니는 그 말을 입 밖에 내지 않는다. 희미해진 정신이지만, 그럴 수 없는 그 무엇을 감지하고 계시기 때문은 아닐까.

혼자 있는 시간이면 소설책을 읽으며 외로움을 달래던 어머니가 이젠 누가 곁에 있어도 하루 종일 말씀이 없다. 그런 어머니를 바라보고 있으면 속이 텅 빈 고목枯木이 연상된다. 잎이 다 졌으니 바람이 지나가는 것도 알지 못하고, 봄이 와도 새순을 돋게 하지 못하는 고목. 고목은 아무 것도 기다리지 않을 것이다. 그러나 어머니는 무념無念의 상태에서나마 남몰래 기다리는 사람이 있다. 세상의 모든 어머니들에게 아들이란 존재는 과연 무엇일까.

작년 생신 때는 며느리를 보고 미안하다고 말씀하셨다. 빨리 나아야 집으로 돌아갈 수 있을 텐데, 그러지 못하니 미안하다고 하셨다. 집에는 당신이 해야 할 일들이 얼마나 많은가. 햇빛이 나면 장 항아리도 열어 놓아야 하고, 화분에도 흙이 마르지 않도록 물을 주어야 한다. 또 아이들에게는 제때에 밥을 챙겨 주어야 하고, 빨래를 널고 개키는 일도 당신의 소관이지 않았던가. 부모와 자식과의 마음이 항상 같은 것만은 아니라는 것을 모르시는 어머니는, 진심으로 당신이 자리를 비우고 계심을 미안하게 여기셨다.

어머니가 편찮으신 이래로 매일 아침 목욕을 시켜 드릴 때마다 다른 노인들도 이렇게 몸이 아름다울까 하는 생각을 해본다. 검버섯 하나 돋지 않은 얼굴에 분홍빛이 도는 입술, 부드러운 살결에 주름살이 별로 없는 피부. 두 손 모으고 아기처럼 가만히 앉아 있는 어머니를 씻겨 드리고, 은빛이 아름다운 단발머리를 감겨 드릴 때마다 당신이 편찮으시지 않았다면 이렇게 목욕을 시켜 드리는 기쁨은 맛보지 못했을 거라는 생각이 들곤 한다. 또 머리를 잘라 드리고 손톱과 발톱을 깎아 드릴 때마다 옛날에 어머니도 자식들에게 이렇게 하셨을 거라는 생각을 해본다. 그러나 젊었을 시절의 어머니는 자식을 여럿 키우면서도 조금도 귀찮게 여기지 않으셨을 텐데, 자식은 왜 한 분밖에 안 계신 어머니를 수발하면서 이렇듯 힘겨워하는 것일까.

어머니를 즐겁게 해 드릴 생각으로 장난스럽게 어깨에 치대며, "나는·이 세상에서·엄마를·제일·사랑해." 하고 능청을 떨 때마다 그 말이 무안하여 말없이 고개를 돌리시곤 하는 어머니. 그런 모습을 뵐 적마다 어머니와 나란히 앉아 손을 잡고 있을 수 있는 것만으로도 행복하게 여겨야 된다고 거듭 다짐하곤 한다. 그러다가 문득 어느 날 어머니가 홀연히 돌아가시고 나면, 당신이 내게 차지하고 있었던 이 큰 자리를 무엇으로 메우나 하는 생각을 해볼 때가 있다. 그리고 한번 그런 생각에 사로잡히게 되면, 이 세상에 나 혼자 남겨지는 듯한 막막함이 갑자기 나를 엄습해 오는 것이다.

오늘 아침 어머니는 웬일인지 다른 날보다 일찍 눈을 뜨셨다. 그러나 오늘이 내 생일인 것은 알지 못하신다. 전에는 미역국이라도 끓여 주고 싶은 마음에 다리가 아픈 것도 잊고 찾아오시던 분이었는데, 지금은 내 집에 계셔도 딸의 생일인지를 모르신다.

생일이란 무엇인가. 한 생명이 세상에 태어난 날이 아닌가. 나는 전부터 왠지 사람이 죽는 날도 자기의 생일을 전후로 한 어느 시기가 될 것이라는 생각을 해왔다. 그렇다면 어머니가 예전의 그 건강했던 모습으로 돌아가실 수 없다면, 내 생일날 당신이 나를 거두어 안고 저 세상으로 가 주셨으면 싶다. 당신의 모습을 바라보는 것이 안타깝다 못해 미워하는 마음이 들기 전에, 당신의 탯줄을 거두어 감고 돌아가 주셨으면 싶다. 정말 그리할 수만 있다면, 혼자 가시기에 두려운 그 길을 동행해 드릴 수도 있지 않겠는가.

집을 나오면서 보니, 어머니가 소파에 앉아 시선을 떨어뜨리고 계셨다. 다녀오겠다는 인사를 해도 어머니는 쳐다보시지 않았다. 아침에 "우리 같이 죽어요. 이렇게 사는 것은 사는 것이 아녜요." 하고 악을 쓰듯 뱉어 버린 내 말을 생각하고 계셨던 것은 아닐까. 생일날 꽃은 달아 드리지 못할망정 나는 어머니의 가슴에 비수를 꽂았다. 세상 어디에 또 이런 불효자식이 있을까. 젊지 않은 여자가 울면서 길을 가는 이유를 사람들은 아마 짐작하지 못할 것이다.

(1993)

민들레 씨앗

어느 분이 지방의 한 문학지에서 누구의 글을 좀 읽어 보라는 전화를 해 왔다. 요즘은 집으로 책이 너무 많이 와서 읽어 보기는커녕 목차조차 훑어보기 어려운 형편인데, 그 책도 그냥 받아만 놓고 있었던 참이었다.

무질서하게 쌓여 있는 책더미 속에서 그 책을 찾아 가르쳐 준 필자의 이름을 발견하고 이어서 곧 제목에 눈길이 갔을 때, 나는 왜 그 글을 읽어 보라고 했는지 금방 이유를 알 수 있을 것 같았다. 〈있었던 흔적〉, 그것은 그 글의 제목이지만, 그 글은 〈있음의 흔적〉이라는 내 수필을 읽고 쓴 것임에 틀림없어 보였기 때문이다.

〈있음의 흔적〉이라는 수필은, 사람은 누구나 알든 모르든 세상에 존재했었다는 흔적을 남기고 가게 마련이라는 내용으로, 인간 실존의 의미를 나름대로 추구해 보고자 한 글이었다. 그런데 그 중에는 전혀 아무것도 남길 것이 없어 보이는 사람들도 있는 것 같아, 그 존재의 허무함을 페이소스를 배경으로 형상화해 보았던 것이다.

〈있었던 흔적〉을 쓴 원로 문인은 희수喜壽를 넘긴 연세이면서도 자주 등산을 하시는 모양이다. 산엘 가도 사람들이 잘 안 다니는 등성이로만 발길이 가는데, 어느 날 그 길목에 있는 한 무덤가에서 누가 놓고 간 것인지 ≪어느 철학자의 편지≫라는 얄팍한 책자를 발견한다. 그리고 그것을 집어들고 무심히 훑어보다가 〈있음의 흔적〉이라는 수필을 발견하곤 아는 사람의 글이라 한번 읽어볼 생각이 든다. 그러면서 그 글의 제목이 어쩐지 그런 무덤 앞에서 이상하게도 어울리는 것 같은 호기심에 사로잡힌다. "같은 글이라도 어디서 읽는가에 따라 독자에게 전달되는 농도는 사뭇 다른 점"이라서, 그 글은 "이 아무개가 쓴 것이 아니라 바로 옆에 있는 무덤의 주인공이 차근차근 자기의 심회를 풀어놓은 것 같은" 느낌마저 들었다고 한다.

그러나 그분은 내 글에 공감하지 않는다는 것을 우선 전제했다. 존재했던 흔적을 남기는 것은 부질없는 일이라는 생각을 한 지 오래이고, "그냥 구름처럼 연기처럼 흔적을 남기지 않는다는 것이 최근의 심정"이라고 했다. 이 대문을 읽었을 때, 남길 것이 없는 존재로서 갖게 될 허무함을 그렸던 나는 그분의 달관達觀에 부끄러움을 느끼지 않을 수 없었다. 그 글을 쓸 당시, 나도 그와 같은 인생관을 지니고 있었더라면, 나는 그 글에서 페이소스를 걷어 내버렸을 것이다. 그 글을 나는 사십대 후반이라는 설익은 나이에 썼고, 문단의 대선배는 종심從心에 그 달관의 글을 썼다. 이 나이 차이에서 내가 느낀 것은 철학의 빈곤과 무심無心의 청정함이었다.

노선배는, 이 세상은 미리 짐작도 못하는 인연의 줄로 얽혀 있는 것 같다고 했다. ≪어느 철학자의 편지≫를 두고 간 사람도 자신이 그것을 보리라는 건 짐작도 못했을 터이고, 내가 쓴 글도 당신이 그런 데서 읽으리라곤 꿈에도 짐작하지 못했을 것이라 했다. 또한 그분은 책이나 글은 한낱의 민들레 씨와 같다고 하면서, "묘한 인연으로 독자를 만나고, 그의 눈을 통해 마음밭에 뿌려지는 씨알의 구실을 하게 된다."고 말했다.

아무것도 남길 것이, 아니 남겨지는 것이 아무것도 없을 것 같아 쓸쓸해했던 나는, 문득 이 글쓰기 역시 민들레가 씨앗을 바람에 날려 보내는 일과 같지 않을까 하는 생각이 들었다. 그러고 보니 나는 지금껏 그 씨앗이 실한지 부실한지조차도 모르면서 무책임하게 날려 보낸 셈이 아닌가.

내가 날려 보낸, 아니 날아가 버린 줄도 몰랐던 하나의 씨알을 마음밭에 받아, 관심의 싹을 틔운 한 중국 교포 작가가 조심스럽게 편지를 보내 왔을 때, 나는 갑자기 글을 쓴다는 것이 두렵게 여겨졌다. 내 책이 어떻게, 기차를 타고 연변으로 출장을 가는 그 젊은 작가의 손에 들려 있었을까. 그것은 내가 날려 보낸 씨앗이 아니라 바람에 불려 나도 모르게 머나먼 중국땅에 가 떨어진 우연이었다.

〈있음의 흔적〉을 쓰면서는, 나는 내 정체성을 찾지 못해 허무를 느꼈었다. 그러나 그 교포 작가가 3년 뒤에 정말로 민들레꽃처럼 수줍은 표정으로 내 앞에 나타났을 때는, 나는 나도 모르게 만들어 버린 내 숱한 흔적들을 두려운 마음으로 돌아보지 않을 수 없었다.

봄이면 민들레는 종족 보존을 위해 멀리 씨앗을 날려 보낸다. 작가는 자기 존재의 의미를 확인하기 위해 쉼없이 글을 써서 발표를 한다. 민들레의 목적이 씨를 많이 퍼뜨리는 것이라고 한다면, 작가의 목적은 다작 그 자체에 있는 것이 아니라 한 사람이나마 진정한 독자를 만나는 것이지 않을까.

지금도 나는 나도 모르는 사이에 내 존재의 흔적 하나를 만들었다. 살면서도 아무 흔적을 남기지 않는 경지에 도달하려면, 대체 얼마나 마음을 닦아야 하는 것일까. 구름은 자신의 흔적을 남기지 않고 흘러가지만, 사람은 끝없이 흔적을 남기며 떠나가는 것 같다.

(1994)

4부

뱀사골의 물빛

유월에 장관을 이룬다는 철쭉이 보고 싶어 이 지리산을 찾아왔다. 그러나 날짜를 잘못 짚었는지 철쭉은 보지 못하고, 지금 나는 인적 없는 뱀사골에 앉아 물 속에 발을 담그고 있다.

지금은 유월 초순, 나뭇잎이 가장 순한 연둣빛을 띠고 있는 계절. 조금 있으면 연둣빛은 짙은 녹색으로 변하고, 더 있으면 그 녹색에 노인의 반점처럼 검은빛이 섞여들 것이다.

아직은 찬물이 섬뜩한가. 쥐가 나는지 발가락이 뻣뻣해 온다. 차고 깨끗한 물, 이런 계곡을 우리만 독차지하다시피 하고 있으니, 이게 웬 호사인가.

잔돌이 훤히 들여다보이는 물 속에 두 손을 넣어 한 움큼 물을 뜬다. 그리고 손가락 사이로 모래 장난을 하듯 그것을 흘려 보낸다. 분명 그 물빛은 하얀색인데, 왜 내겐 갑자기 핏

빛으로 보이는 것일까.

이 골짜기엔 지금 우리밖에 없는데, 내 눈엔 수많은 사람들이 어른거리고 있는 것 같다. 어떤 사람은 등을 돌리고 서 있고, 어떤 사람은 비스듬히 누워 있다. 어떤 사람은 쌀을 씻기도 하고, 어떤 사람은 그릇을 닦기도 한다. 그런 모습은 조용하긴 하나 조금도 평화로워 보이진 않는다.

이 생생한 환영幻影은 뱀사골을 끼고 오를 때부터 줄곧 나를 따라왔었다. 아무도 없는 골짜기가 사람들로 가득 차 있는 듯이 보이고, 산새들만 한가로이 지저귀는 이 적막 속에서 나는 콩 볶듯 요란한 총소리를 들었다. 지금 나는 그들과 함께 피어린 이 역사의 현장에 앉아, 죽음 같은 정적이 깨질까 두려워하고 있는지도 모른다.

그 무리들 속에 앳된 여인이 보인다. 열여섯 살의 어린 새댁이 열일곱 살의 신랑을 찾아 이 지리산 골짜기로 들어온 것이다. 그러나 신랑은 신부를 만난 지 이십 일 만에 전투에서 죽고, 어린 색시는 마을로 내려갈 수 없어 산에 남는다. 그러고 나서 십삼 년의 세월이 흐른다.

그는 왜 마을로 내려가지 않고 그 험한 산생활을 시작했을까. 그 어린 여인에게도 어떤 이데올로기가 있었던 것일까. 그의 결정이 신념에 의한 행동이었다면, 우리는 그의 삶에 동정을 보낼 필요가 없다. 그러나 그 결정이 자기의 의지와는 상관없는 것이었다면, 여인의 잃어버린 젊음과 인생은 어디서 보상받아야 할까.

노루처럼 산에서 태어나 산과 더불어 늙어 갔을 한 여인에게 이름이란 아무 소용이 없는 것일지도 모른다. 그러나 그 여인에겐 이제 자신이 결코 생각지 못했을 이름 하나가 생겼다. 지리산 최후의 빨치산, 정순덕. 한 지아비의 아내로서 평범한 삶을 살아갔을 이 여인의 이름이, 오늘 이 뱀사골에 물안개처럼 낮게 떠돌아다닌다.

지리산 지구 전적 기념관에는 이런 표어가 커다란 글씨로 씌어 있다.

"산 자와 죽은 자, 누가 이런 비극을 안겨 주었는가."

비극은 엄연히 존재했으나, 그 비극을 만든 장본인은 분명치 않은 이 아이러니 속에서 역사는 오늘도 우리에게 질문을 던지고 있다. 그로부터 사십육 년이 지난 지금, 우리는 진정 그 해답을 찾았는가. 거적으로 말아 놓은 주검 앞에서 땅을 치며 통곡하는 여인의 아픔이, 그 앞에 선 우리의 말문을 막히게 한다. 정녕 이 비극은 누가 만들어 낸 것일까. 그리고 그 무엇이 이 잔혹한 비극을 잉태케 했을까.

1954년 4월 20일자 〈지리산 특보〉에는 〈임종〉이라는 시가 실려 있다.

창백한 손끝에 / 시간을 잡고자 떤다 / 떨리는 손끝에 /
초침을 잡았을 제 / 초침은 손끝에 하늘거리고 / 시간은 드디어 멈추었다 / 짧은 인생을 / 더 살 수는 없을까?

(노일영 지음)

죽음의 초침을 사력을 다해 붙들고 있는 한 젊은이의 절망적인 시를 읽으면서, 나는 이 아픔의 산, 수난의 산에서 죽어갔을 수많은 젊은 목숨들을 떠올렸다. 그들의 이데올로기는 죽음 앞에서 어떤 모습을 하고 있었을까.

자신의 이념을 위해 처절하게 싸우다 간 사람이나, 두 이념의 대립 사이에서 무고하게 죽어간 양민이나 이제는 모두 말이 없다. 죽음은 모두를 공평하게 만드는 것일까. 죽음은 한恨까지도 잠재울 수 있는 것일까.

나는 지금 뱀사골에 앉아 물거품을 일으키며 흘러가는 하얀 물살을 바라보고 있다. 세월에 핏빛이 가신 것처럼, 우리 가슴에 응어리져 있는 피 멍울도 언젠가는 풀릴 날이 올 것인가.

유월의 뱀사골은 깊은 정적으로 이 산의 역사를 말해 주고 있었다.

(1994

세상에 내려온 천사

〈베를린 천사의 시詩〉라는 영화를 보고 난 후, 나는 얼른 자리에서 일어날 수가 없었다. 동행자만 없었더라면, 아마 그 영화를 두 번이고 세 번이고 앉은 자리에서 연거푸 보았을 것이다. 아니 그때 마음 같아서는, 다시 한번 이 영화를 보러 극장에 오리라 생각했을 정도로, 나는 한동안 감동의 여운에서 헤어나기 어려웠다.

처음에는 천사가 주인공이라고 해서 아이들을 대상으로 하는 동극童劇이 아닌가 싶었다. 그렇게 생각한 것은 비단 나뿐만이 아니었든지, 영화관은 텅 비다시피 관람객이 적었다. 현대인에게 천사라는 존재는 얼마나 비현실적인 인물 설정인가.

다미엘과 카시엘은 베를린의 하늘을 지키는 천사들이다. 한없이 인자한 표정을 짓고 있는 이들의 모습은 어린아이의 눈에만 띄일 뿐, 어른에게는 보이지 않는다. 이들은 베를린의 거리를 그림자처럼 돌아다니며 외로운 사람·힘겨운 사람·절망에 빠진 사람들에게 위로의 손을 뻗친다.

지하철 속에 한 노동자가 근심 어린 얼굴로 앉아 있다. 그는 집세를 물지 못해 고민하고 있는 것이다. 사람들 속을 누비고 다니던 천사가 그를 발견해 내고는 말없이 그의 곁에 가서 앉는다. 그리고 어깨에 손을 얹는다. 그러자 노동자의 마음속에는 서서히 용기가 인다. 집세는 못 냈지만, 자기는 젊고 건강하지 않은가. 얼굴이 밝아진다. 희망이 생긴 것이다.

도서관에는 공부하는 사람들이 많다. 그들은 모두 책과 씨름하느라 지쳐 있다. 천사는 그 곁에 앉아 가만히 책을 들여다본다. 그러면서 공부하는 사람들에게 힘을 북돋워 준다.

그런 천사의 모습을 보면서, 인간에게는 어쩌면 수호천사守護天使가 하나씩 배당되어 있을지도 모른다는 생각이 들었다. 한없이 절망감에 빠져 있을 때, 문득 어떤 희망의 빛이 한 줄기 내게로 스며들어오는 듯한 느낌을 받은 적이 있다. 나쁜 유혹에 빠져들고 싶을 때, 그래선 안 된다고 타이르는 어떤 목소리가 들려오는 듯한 착각이 들었던 적이 있다. 그것은 바로 나의 수호천사가 내게 불어넣어 준 용기와 힘이 아니었을까.

어느 날 천사 다미엘은 서커스단으로 들어간다. 거기에서 그는 공중 그네를 타는 아름다운 여인 마리온을 만난다. 그리고 그를 보는 순간, 강한 사랑을 느끼게 된다. 그 사랑은, 지하철의 노동자나 도서관의 학생에게 보였던 그런 사랑하고는 달랐다. 천사는 여인을 인간으로 사랑하고 싶은 욕망이 인 것이다.

마리온은 출세하려는 꿈을 안고 도시로 올라온 시골 여인이다. 그러나 꿈을 이룬다는 것은 결코 쉬운 일이 아니어서, 여인은 실망과 좌절감에 싸여 맥없이 앉아 있다. 아름다운 여인의 고뇌하는 모습은 천사의 마음을 더욱 안타깝게 한다. 천사는 여인의 어깨에 손을 얹으며 용기를 불어넣어 준다. 그리고 여인을 사랑하고 싶은 마음을 이기지 못해 그의 침실로 스며든다. 그러곤 가만히 여자의 몸을 만져 본다. 그러나 천사에게는 감각이 없어 아무 것도 느낄 수가 없다. 다만 마음으로 짐작할 뿐이다. 다미엘은 갑자기 모든 것을 인간의 감각으로 느끼고 싶다는 생각을 하게 된다. 아름다운 빛깔과 부드러운 여인의 육체, 그윽한 커피 향과 너무도 맛있게 피워 대는 한 개비의 담배 맛. 이 모든 것들을 그도 인간처럼 생생하게 느껴 보고 싶어진 것이다. 그리고 영원이 아닌, 순간의 쾌락도 맛보고 싶어졌다.

이런 생각으로 혼란해진 다미엘 앞에 이젠 유명한 영화배우가 된 전직 천사장이 나타난다. 천사장은 다미엘에게 인간이 되라고 유혹한다. 그리고 세상에는 자기처럼 천사였던 사람들이 많다는 것과, 천사는 천사를 알아볼 수 있기에, 눈에는 보이지 않지만 당신이 거기에 있음을 느낄 수 있다고 속삭인다.

다미엘은 마침내 인간이 되기로 결심한다. 인간이 된다는 것은 천사로서는 죽음을 뜻한다. 다미엘은 한 여자를 천사로서가 아니라 서로 교감할 수 있는 인간으로서 사랑하고 싶었기 때문에 기꺼이 죽음을 택한다. 그리고 그는 다시 태어난다. 사랑하는 여인을 찾아 힘차게 걸어가는 다미엘의 뒤에는 선명하게 발자국이 찍힌다. 그는 인간이 된 것이다.

나는 릴케의 시처럼 아름다운 이 영화를 보고 난 다음부터, 세상에는 전에 천사였던 사람들이 많이 내려와 살고 있을지도 모른다는 엉뚱한 생각을 하게 되었다. 그런 생각이 들자, 내 눈에는 정말로 천사같이 여겨지는 사람들이 보이기 시작했다. 그것은 내 눈이 어린애처럼 순수해져서가 아니라, 이 영화를 통하여 어떤 사람들이 천사인가를 알았기 때문이다.

어느 날 갑자기 다리가 썩어 들어가 두 다리를 절단해야만 했던 운전사. 그는 그 불행으로 아내와 딸을 잃었지만, 지금은 자기보다 더 가엾은 많은 장애인들의 아버지가 되었다. 수술비가 없어 앞을 보지 못하는 시각장애자들을 위해 참기름 장사를 하는 칠순의 할머니. 백 병을 팔아야 한 사람의 수술 비용을 마련할 수 있다는 이 할머니의 사랑으로, 지금까지 백여 명의 맹인이 밝은 세상을 보게 되었다고 한다. 가난한 동네 아이들에게 연필과 공책을 사 주고 싶어 공양미 세 가마를 몰래 훔쳐 판 승려. 그가 아무리 그 도둑질을 먼저 부처님께 고했다 하더라도, 죄는 죄라서 절에서 쫓겨나는 몸이 되었다. 그는 지금 모든 것에서 해탈한 성자聖者처럼 판잣집에서 불우한 아이들의 영혼을 위해 법회를 열고 있다. 아들딸 낳고 큰 걱정 없이 살던 한 평범한 여인이 "하느님이 나한테 주신 것은 내 한 몸 건사하며 살라는 것은 아닐 것"이라는 생각이 들어, 지체부자유자와 정신박약아, 치매로 거동이 불편한 노인들을 위해 봉사하는 삶을 살고 있다. '선택받은 사람만이 시련이 있다.'는 하늘의 응답을 의지 삼아, 그는 그 어려운 일을 소명召命인 양 하고 있는 것이다.

이들이 진정 하늘의 천사가 아니었다면, 어떻게 그런 힘든 일들을 자진해서 할 수 있었겠는가. 금방이라도 멸망해 버릴 것 같은 이 부조리한 세상이 그래도 이렇게 지탱할 수 있는 것은, 인간을 사랑하여 지상에 내려온 이들 천사들의 힘이지 않을까. 천사들은 이 순간에도 외롭고 힘든 사람들을 찾아 거리를 헤매고 있을 것이다. 그런데 나의 천사는 지금 어디에 있는 걸까.

(1994)

눈을 기다리는 사람들

그 해 겨울, 나는 안국동 네거리에서 조계사 쪽으로 내려가고 있었다. 간밤에 내리던 눈은 아침에 일어나 보니 말짱하게 그쳐 있었지만, 냉랭한 날씨는 눈을 땅바닥에 꽁꽁 얼어붙게 만들었다.

나는 그 날 아침, 매우 기분이 좋았다. 눈이 온 다음날의 청량함, 햇살마저도 냉기를 띤 듯한 신선함, 그런 겨울 날씨는 박하사탕을 입 속에서 녹일 때처럼 가슴속까지 화한 느낌을 들게 하기 때문이다.

추운 겨울은 차가운 미인과도 같다. 나는 왠지 아름다움에는 차가운 맛이 배어 있어야 더욱 아름다울 것 같은 생각이 든다. 그러기에 크리스털의 차가운 아름다움을 좋아하고, 대리석의 서늘한 느낌을 좋아하는지도 모른다.

그렇게 기분 좋은 아침에, 몸은 따뜻한 외투에 감싸여 있지만, 가슴을 펴고 깊숙이 그 차가운 공기를 들이마셨다. 내 몸 속의 뜨뜻미지근한 것들을 깨끗이 몰아내기라도 할 것처럼.

초겨울에 새로 옮긴 직장은 내게 일에 대한 욕구를 새롭게 불어넣어 주었다. 새 직장과 새 동료들은 언제나 새로운 흥분을 안겨 주기 때문에, 나는 직장이 바뀌는 것에 전혀 두려움을 느끼지 않았다. 그것은 새로운 것에 대한 설렘과, 미지의 세계에 대한 호기심이 내 정신을 바짝 긴장시키기 때문일 것이다.

그 날 나는 새 직장에서 처음으로 일을 하러 나가는 길이었다. 길바닥은 차가운 햇살에 유리알처럼 빛을 뿜어대고 있어, 하이힐을 신은 내 발을 불안하게 만들었다. 땅만 내려다보며 조심조심 발걸음을 옮겨 딛다가 무심히 눈을 들어 앞을 바라보니, 저만치서 한 남자가 걸어오고 있었다.

며칠 전에 인사를 나누고 겨우 낯을 익힌 그 사람을 길에서 우연히 만났을 때, 나는 그 자리에 얼어붙듯 서 버렸다. 그리고 갑자기 볼에 닿는 공기가 따뜻하게 느껴졌다.

이런 내 마음이 그에게도 전해졌던 것일까. 그는 불쑥 내 손을 잡았다. 그것은 정말 예상치 못한 일이었다. 무엇이 그로 하여금 내 손을 잡게 했을까. 남자도 눈의 시정詩情에 약한 것일까. 그는 놀라 당황하는 나에게 틈도 주지 않고, 등을 돌려 세워 앞장을 섰다.

그래서 우리는 갈 길이 서로 다름을 알면서도, 나란히 손을 잡고 안국동 길을 올라갔다. 사무실까지 아주 짧은 거리를, 나는 마치 영원의 길을 걷는 사람처럼 그와 하나가 되어 걸었다.

그 해 겨울, 그 첫눈은 갈 길이 다른 사람들을 잠시 하나의 길로 걷게 만들었다. 그러나 둘이 손을 잡고 걸어간 그 길이 그렇게 짧았던 것처럼, 우리가 함께할 수 있는 시간은 늘 짧기만 했다.

눈이 아쉬운 것은, 그것이 오래 남아 있지 못한다는 데 있다. 눈이 온 날 만난 사람들이라 그랬을까, 우리도 그런 눈처럼 서로에게 오래 머물러 있을 수가 없었다. 서로에게 오래 머물러 있을 수 없다는 것, 그것은 목이 타는 갈증과도 같았다. 갈증 같은 그리움은, 마셔도 마셔도 해결되지 않는 목마름처럼 그 무엇으로도 메울 수 없는 아픔이 되었다.

내 젊은 날은 그런 아픔과 갈등과의 끝없는 싸움이었다. 그런 싸움에 지쳐 일어날 수 없게 되면, 나는 나로부터의 영원한 탈출을 꿈꾸었다. 나로부터의 영원한 탈출—, 그것은 죽음의 다른 이름이지 않은가. 나는 밤마다 기도했다. 내일 아침 눈을 뜨게 하지 말아 달라고. 그리고 날마다 이부자리를 펴면서, 죽음의 의식을 함께 거행했다.

> 잠들기 전에 / 가슴 위에 손을 얹고 / 나는 빕니다 /
> 이대로 잠들면 깨어나지 말기를!
> 잠들기 전에 / 이마 위에 손 놓고 / 기다립니다 /

잠들기 전에… 잠들기 전에….

— 閔映 :〈엉겅퀴꽃〉

시인은 왜 이런 기도를 드렸을까. 그도 나처럼 산다는 것이 괴로움이요 모순이었을까. 잠들기 전에 똑같은 기도를 올리는 사람이 어딘가에 있다는 사실이, 내겐 작은 위안이 되었다.

신은 정녕 존재하는 것일까, 아니면 무능한 것일까. 신은 밤마다 올리는 내 기도를 들어주지 않았다. 신이 내 기도를 들어주지 않는 대신, 세월이 내 손을 잡아 주었다. 세월은, 아픔은 물론 집착까지도 보이지 않는 손으로 잠재워 주었다.

그 세월 앞에, 이제 나는 잔잔한 바다처럼 조용하다. 갈등의 파도는 잠자고 고통의 폭풍은 가라앉았으니, 나는 지금 죽은 듯이 평온하다. 앞으로는 내게 그런 영혼의 떨림은 두 번 다시 찾아오지 않을는지 모른다. 그런데 이 더없는 정복淨福이 왜 가끔 한가닥 서글픔이 되어 가슴을 시리게 하는 것일까.

겨울이 오면, 시린 가슴으로 눈을 기다리는 사람들이 있다. 그들에겐 그 기다림이 곧 꿈이요 아름다움일 수도 있을 것이다. 그러나 내 마음속의 겨울은 언제나 안국동 네거리에 눈을 내리게 한다.

(1995)

사십구일재

어머니, 오늘 아침 당신의 사십구일재四十九日齋를 올렸습니다. 사십구일은 영가靈駕가 현생을 떠나 마침내 후생後生에 드는 날이라 하니, 이젠 어머니와도 영원한 이별이구나 하는 생각에 새삼 울음이 복받쳐 올랐습니다.

어제 밤은 이승에서 어머니와 마지막으로 보내는 날이라 생각하여, 당신이 주무시던 자리에 이부자리를 펴고 아직도 당신의 머릿내가 배어 있는 베개를 그 위에 놓았습니다. 그리고 밤마다 쥐고 주무시던 지압봉指壓鋒도 머리맡에 놓고, 저를 부를 일이 있을 때면 가만히 흔드시던 종도 그 옆에 놓아 드렸습니다. 그러고는 전과 같이 어머니를 바라보며 누웠습니다.

그러고 있자니, 어머니가 금방이라도 머리를 들며 제가 와 누웠나 확인하는 듯한 착각이 들었습니다. 또 종소리가 나서 무슨 일인가 싶어 달려가면, "어여 와서 자!" 하고 어린아이처럼 보채시던 그 힘없는 목소리도 들리는 듯싶었습니다. 그러나 어머니의 자리는 비어 있고, 저는 그 빈자리를 바라보며 소리 죽여 눈물을 삼켰습니다.

하지만 저는 압니다. 당신의 영혼이 거기에 와 계셨음을. 당신은 결코 저와 함께 지냈던 이 방을 잊을 수 없을 겁니다. 장례식을 마치고 돌아온 날, 이 방에 들어와 자리에 앉자마자, 저는 어머니의 가쁜 숨소리를 들었습니다. 그건 환청이 아니었습니다. 혹시 잘못 들었나 싶어 머리를 세차게 흔들며 어머니가 주무시던 자리를 내려다보았을 때, 저는 당신의 혼백이 거기에 와 계심을 알아보았던 것입니다.

그런데 제가 순간적으로나마 당신의 숨소리를 듣고 놀랐기 때문인가요? 당신은 그 후로 두 번 다시 어떤 징후를 보여주지 않았습니다. 다시 한번 느끼고 싶어 간절히 기다렸지만, 다른 사람에게만 현몽現夢하신 것은 어인 일인가요? 여러 사람에게서 꿈에 당신을 뵈온 이야기를 전해 들었을 때, 저는 심한 질투심을 느꼈습니다. 그래서 못된 심보로 어머니를 잊어야겠다고 생각했습니다. 그것은 물론 슬픈 오기傲氣 같은 것이라는 걸 당신도 잘 아시리라 믿습니다.

그러나 하룻밤이 지나자, 저는 제 생각을 고치기로 마음먹었습니다. 어머니가 사랑하고 싶은 사람들을 마음 놓고 사랑할 수 있도록 당신을 편하게 해 드려야 한다고 말입니다. 그것은 결코 제가 너그러워서가 아닙니다. 그러지 않으면 어머니를 영영 잃어버릴 것 같은 두려움이 앞섰기 때문입니다.

그래서 당신의 영혼은 그토록 가고 싶었던 아들네 집으로 돌아가셨습니다. 혼령으로서나마 당신의 방으로 돌아가시니 지금은 행복하십니까? 식탁에 마주 앉아 힘겹게 수저를 들어 올리시던 어머니의 모습이 눈에 밟혀 전과 다름없이 진지를 떠 놓아도, 저는 당신이 아들의 상식上食을 받으러 가실 분이라는 것을 너무도 잘 압니다. 그래도 저는 아침 저녁으로 당신 앞에 수저를 놓고 진지와 국을 떠 놓습니다. 그리고 어머니의 어깨와도 같이 부드럽고 둥근 의자를 어루만지며, 당신이 거기에 앉아 계심을 느낍니다.

오늘은 어머니가 가신 지 사십구일이 되는 날입니다. 어느 사이 벌써 시간이 그렇게 흘렀는데도, 저는 아직도 어머니가 잠깐 어디 나들이를 가신 것만 같은 생각이 듭니다. 그래서 지금이라도 곧 현신現身하시어 소파에 누워 계실 것만 같은 착각이 듭니다. 바깥에 나갔다가 현관문을 열고 들어올 때면, 어머니가 의자에 앉아 허리를 구부리고 열심히 가위질을 하고 계시는 환영幻影을 보곤 합니다. 그것이 정녕 환영이 아니라면 얼마나 좋을까요? 당신의 빈자리에서는 언제나 바람이 입니다. 저는 지금 바람받이에 홀로 서 있는 아이같이 추위를 느낍니다. 전에는 어머니가 이불 속에서 제 찬 발을 녹여 주셨는데, 지금은 그 찬 기운이 제 가슴을 얼어붙게 합니다.

당신이 늘 앉았던 소파의 방석에는 지금도 주름이 져 있습니다. 당신의 체온이 아직도 남아 있을 것 같은 그 주름을 가만히 쓰다듬어 봅니다. 그리고 저녁마다 그랬던 것처럼, 팔을 돌려 당신의 머리를 제 어깨에 얹는 상상을 해봅니다. 그러고는 한 손으로 당신의 넉넉한 손을 잡고 우린 이런 문답을 나누었지요. "나는 — 이 세상에서 — 엄마처럼 — 예쁜 — 사람은 본 적이?", "없어!" 말씀을 안 하시는 어머니로부터 "없어!"라는 대답을 유도해 낸 것이 재미있어서, 호들갑을 부리며 당신의 머리에 제 머리를 갖다 비벼 대곤 했지요. 그런데 지금은 그 문답을 혼자 중얼거려 봅니다. 그러곤 "없어!" 하시던 당신의 나지막한 목소리를 마음속으로 듣습니다.

무슨 까닭에서인진 몰라도, 저는 사람이 이승을 떠나는 시기는 자기가 태어난 달 전후가 되리라는 믿음을 가지고 있었습니다. 그래서 어머니는 생신 달이 든 어느 청량한 가을날에 돌아가실 것이라 예상했습니다. 그런데 어머니가 갑자기 추운 정월에, 그것도 감기가 원인이 되어 어이없게도 이승을 떠나시고 보니, 가실 때가 아닌 분을 자식의 불민不敏으로 가시게 한 것 같은 죄책감이 들었습니다. 그런 죄책감은 저를 한없이 죄인의 심정으로 몰아갔고, 후회와 괴로움은 저를 끝없이 무력하게 만들었습니다. 먹고 싶지도 않고, 말하고 싶지도 않으며, 누구와 만난다는 것은 더더욱 내키지 않는 일이 되었습니다.

어머니가 가시자, 저의 집에는 없어진 것이 많아졌습니다. 우선 제 몸에서는 기氣가 빠져 나간 듯하고, 텔레비전에서는 영상이 사라졌으며, 부엌에서는 도마 소리가 들리지 않게 되었습니다. 또 어머니의 속옷으로 가득했던 빨랫줄은 이젠 사람 사는 집 같지 않게 아무 것도 널려 있지 않습니다. 어머니 한 분의 부재不在는, 이 집의 실존을 온통 무無로 만들어 버린 것 같은 느낌마저 듭니다.

얼마 동안 이렇게 죄인처럼 숨죽이며 지내다보니, 어머니에 대한 가책呵責의 마음은 차츰 야속함으로 바뀌었습니다. 어떻게 우리를, 아니 이 막내를 이렇게 혼자 두고 떠나실 수 있었는지 이해가 되지 않았습니다. 누가 당신을 저승에서 그리도 급히 부르셨기에, 그렇게 홀연히 떠나실 수 있었는지 그 대답이 듣고 싶어졌습니다.

혼자 고열高熱에 시달리시는 것도 모른 우리에게 이렇듯 뼈아픈 통한을 남겨 주지 않기 위해서라도, 당신은 살아나셨어야 합니다. 중환자실에서 혈액 순환이 되지 않아 살갗이 퍼렇게 된 당신의 손을 주무르고 또 주무르면서도, 저는 당신이 꼭 혼수 상태에서 깨어나시리라 믿었습니다. 그러면서 이렇게 생각했습니다. 어머니는 어리석은 자식들에게 후회와 한恨을 남겨 주지 않으려고 혼자 사투死鬪하고 계실 것이라고. 당신은 평생을, 자식을 위해서라면 무엇이든 희생하고 양보하는 분이셨지 않습니까? 그래서 저는 당신이 눈감고 계셨어도 그다지 절망스러운 마음은 들지 않았던 것입니다.

그러나 어머니는 끝내 의식을 찾지 못했습니다. 지금 새삼스레 후회가 되는 것은, 아무 것도 들리지 않으리라 지레 짐작하고 당신을 계속 불러대지 않은 미련스러움입니다. 만일 큰 소리로 어머니를 흔들며 불러댔더라면, 당신은 혹시 의식을 차리지 않았을까요? 그러지 못한 어리석음이 지금 제 가슴에 또 하나의 생채기를 만듭니다.

오늘 산소에서 내려오다가 소각장에서 어머니의 옷을 태웠습니다. 저승 갈 때 입으시라고 맏손자가 새로 마련한 옥색 치마저고리와 하얀 고무신, 저승에서 쓰시라고 칫솔과 치약과 세숫대야를 불에 던졌습니다. 그리고 당신이 엊그제까지 입었던 한복과 브라우스를 꺼내 들었을 때, 저는 그만 오열을 터뜨리고야 말았습니다. 당신의 체취가 아직도 가시지 않은 그 옷에 얼굴을 묻자, 불길이 무섭게 치솟았습니다. 순간, 저는 그 불길을 피해 한 걸음 물러났습니다. 어머니, 죄송합니다. 어머니가 돌아가시면 나 또한 따라가겠다고 하던 제가 어느 사이에 산 자의 편에 서서 몸을 도사리게 된 것입니다. 그 불길 속으로 빨려들 것 같아 뒷걸음질을 치면서, 이젠 당신과 영원히 갈라섰다는 사실이 마음에 불똥이 튄 듯 아팠습니다.

생로병사生老病死가 모두 고통이라 하지만, 어머니와 이별하는 고통을 어찌 상상이나 했겠습니까? 당신이 미수米壽가 되고 백수白壽가 되어도, 저는 어리석게도 어머니와 항상 함께 있을 줄로 알았습니다. 병고病苦에 시달리시는 당신의 모습을 뵙는 것이 안타까워, 때로는 그 고통 거두워 가셨으면 하고 기도한 적도 있었지만, 그것은 이런 이별이 정말로 오리라곤 생각지 못했기 때문이었습니다.

지금은 그 불효의 기도를 뼈아프게 후회합니다. 당신이 계심으로써 겪었던 불편함이 실은 얼마나 행복한 것이었던가를 미욱한 저는 이제야 깨닫습니다. 왜 행복은 정말로 지나가고 나서야 느끼게 되는 것일까요? 편함이 하나도 편하지 않은 이 모순은 새로운 형벌이 되어 저를 고문합니다. 당신은 결코 저를 해방시켜 준 것이 아닙니다. 당신이 가심으로써 저는 더욱 당신에게 집착하게 되었기 때문입니다.

삼계일심三界一心이라는 법어法語가 있습니다. 천계天界·지계地界·인계人界, 이 모두가 자기 마음에서 생겨난 것이라 하니, 어머니와 저도 마음속에서 변함없이 만나 뵐 수 있겠지요? 촛불을 켜 놓고 향연香煙 속에서 어머니의 영정影幀을 바라봅니다. 어머니, 이승의 한恨과 괴로움 모두 버리시고 부디 극락왕생하십시오. 그리고 당신께는 애물이었지만, 내생來生에서도 다시 어머니의 자식으로 태어나고 싶습니다. 촛농이 눈물처럼 흘러내리는 이 밤, 저는 당신이 제 곁에 있음을 느낍니다.

(1996)

눈 오는 날, 참새들은 어디로 갔나?

오후 네 시부터 하늘이 수묵색水墨色을 띠더니 드디어 눈이 내리기 시작한다. 처음에는 모기처럼 작은 눈송이가 바람에 불려 날아다녔는데, 지금은 함박눈이 되어 무겁게 쏟아져 내린다. 입춘이 지난 지도 여러 날이 된 오늘, 봄은 춘래불사춘春來不似春이라는 이백李白의 시구를 떠올리게 하며, 이렇게 그 등장을 서설瑞雪로써 알리고 있는 것일까.

눈 오는 날, 진공眞空과도 같은 침묵 속에서 잎사귀 하나 걸치지 않은 은행나무를 바라본다. 나무에는 순식간에 가지마다 솜 같은 눈이 소복이 얹혀 있다. 큰 가지는 많이, 작은 가지는 적게. 저마다 가지는 수용의 한계를 아름다이 지키고 있다. 사람도 자기 그릇만큼 욕심의 한계를 지킬 수 있다면, 나무처럼 아름다워질 수 있을까.

책상을 창가로 옮긴 이후부터 내게는 즐거움이 많아졌다. 창 밖에는 우듬지가 위층까지 닿는 은행나무가 서 있는데, 그 나무가 내 눈을 즐겁게 하는 것이다.

일을 하다가 고개를 들어 밖을 내다보면, 나무는 말없이 사계四季의 변화를 내게 보여 준다. 봄에 수수알같이 작은 잎눈이 조금씩 커 가며 끝이 갈라진 앙증스러운 은행잎으로 변해가는 모습을 보고 있자면, 아이들도 저렇게 크겠지 하는 생각이 든다. 그것은 결코 짧은 시간이 아닌데도, 성장은 눈으로 감지할 수 없을 만큼 그 속도가 빠르게 보인다.

잎맥이 투명하게 내비치는 어린 잎들, 초봄의 그 연녹색만큼 곱고 깨끗해 보이는 빛깔이 또 있을까. 여름의 나무는 내 창을 진녹색 커튼으로 완전히 뒤덮어 버린다. 그 틈으로는 한 줄기 햇살도 비집고 들어올 수 없고, 늘 와 지저귀는 참새들은 소리만 들릴 뿐 그 모습이 보이지 않는다.

그러다가 어느 날 무심히 또 창 밖을 내다보면, 은행나무는 온통 황금색으로 물들어 있다. 그런 모습에 혼자 감탄하다가, 노란 은행나무를 신라 금관에 비유한 문우文友를 떠올려 본다. 가을이 다 가기 전에 멀리 있는 그에게 엽서라도 한 장 띄워 볼까. "신라 금관과도 같은 은행나무를 바라보며 나는 당신을 생각합니다." 하고 써 보낸다면, 그는 아마 수줍어 미소만 지을 것이다.

바람에 잎들이 떨잠처럼 흔들린다. 머지 않아 그 잎들은 깨끗이 다 져 버릴 것이다. 겨울의 창에는 선線의 아름다움이 있다. 나목裸木의 빈 가지를 무연히 바라보고 있으면, 모든 관계에서 놓여난 자유로움을 느낀. 아무 것도 없으나 아름다운 사람, 꾸미지 않았어도 멋있는 사람, 그런 사람의 모습이 어쩌면 겨울 나무와 같지 않을까.

북향 방에서 책상을 옮겨 오기 전에는, 내 집은 단지 햇빛이 잘 드는 남향집이라는 생각밖에 없었다. 그런데 어느 날 문득 빈 가지 사이로 밖을 내다보니, 놀랍게도 빨간 석양이 나를 내려다보고 있는 게 아닌가. 하늘 한번 한가히 쳐다볼 사이도 없는 내게 석양은 그렇게 몰래 눈맞춤을 하고 있었던 것이다.

고개를 조금만 돌리면, 저녁 해가 산 너머로 넘어가는 모습도 '어린 왕자'처럼 의자에 앉아서 볼 수 있다. 청명한 날은 눈이 부셔 똑바로 바라볼 수 없어도, 흐린 날은 조금도 눈이 부시지 않다. 사람도 너무 크고 훌륭하면 똑바로 바라보지 못하는 것과 같은 이치일까.

해는 져도 노을은 오래 남아 있다는 것도 나는 새삼스레 알게 되었다. 어떤 때는 철쭉꽃 빛으로, 어떤 때는 치자색으로. 사람의 노년도 그렇게 아름다울 수만 있다면, 늙는다는 것이 두려운 일만은 아닐 것 같다.

지금은 창 밖에 눈이 내린다. 책상에 앉아 눈을 바라보는 것이 성에 차지 않아 문을 열고 베란다로 나간다. 크고 작은 나무들은 그저 조용히 눈을 맞으며 마당에 서 있다. 그 순명順命

의 자세가 그렇게 성스럽게 보일 수가 없다. 날마다 가지에 앉아 지저귀던 참새들은 이 눈 오는 날, 모두 어디로 갔을까? 참새들이 저희들의 보금자리를 찾아갔듯이, 우리 이웃들도 서둘러 집으로 돌아오고 있을 것이다.

어느새 외등에 불이 켜졌다. 외등의 붉은 빛이 눈 덮인 나무들을 따뜻한 기운으로 비춘다. 외등만 보면 그 불빛 아래 누군가 서 있을 것만 같은 느낌은 내 오래 된 착각 중의 하나다. 착각은 갈망의 다른 표현일까.

아무도 앉아 있지 않은 벤치가 오늘 따라 더욱 쓸쓸하게 보인다. 자동차들은 눈을 두툼하게 뒤집어쓰고 있고, 마당에는 발자국 하나 보이지 않는다. 그러나 곧 누군가의 발자국이 눈 위에 찍혀지게 될 것이다. 그리고 그것은 곧 길이 되리라. 길은 살아 있는 사람들의 흔적 아닌가.

내 인생의 창에도 오래지 않아 겨울이 올 것이다. 아름다운 연녹색도, 찬란한 황금빛도 칠해 보지 못한 무채색의 인생이지만, 순백의 눈같이 깨끗하게 여일如一하는 노년이었으면 좋겠다. 그리하여 석양이 지고도 오래도록 남아 있는 노을처럼, 누군가의 마음속에서 그리움으로 되돌아볼 수 있는 그런 인생이었으면 좋겠다.

(1998)

태양이 없는 그림

얼룩동사리는 매우 부성애父性愛가 강한 민물고기다. 흔히 동물의 세계에서는 수놈보다 암놈이 새끼에 대한 사랑이 깊은 법인데, 이 물고기는 의외로 그 반대다.

얼룩동사리는 수놈이 먼저 집을 짓고 암놈을 기다린다. 집이라야 수초水草로 엉성하게 고치처럼 얽은 것인데, 그 곳은 신혼의 보금자리가 아니라 암놈의 알을 받기 위한 둥지인 셈이다.

집을 다 지으면, 부지런히 지나가는 암놈들을 유혹한다. 물고기들도 제 눈에 들지 않으면 응할 생각이 없는지 어떤 놈은 아예 거들떠보지도 않고 횡허케 가 버린다. 또 어떤 놈은 마지못해 응하는 아가씨처럼 도도한 몸짓으로 집을 한바퀴 둘러본다. 장만한 아파트가 몇 평이나 되나 알아보려는 것이 아니라, 알을 낳아도 될 만큼 안전한가를 살펴보는 것이다.

그 안전도 검사에서 불합격을 놓은 암놈은 뒤도 돌아보지 않고 가 버리고, 다행히 집이 마음에 든 놈은 거기에다 산란産卵을 한다. 그러고 나서는 지체 없이 떠나 버린다. 어미라고 해서 모두 모성애가 강한 것만은 아닌 모양이다.

수놈은 떠나 버린 암놈에 대해서는 미련이 없다. 오직 종족 보존에만 관심이 있어서 새끼가 부화될 때까지 지성으로 돌본다. 지느러미를 흔들어 산소를 공급해 주기도 하고, 외적이 나타나면 용감하게 싸워 물리치기도 한다. 알을 지키기 위해 필사적으로 덤벼드는 모습은 정말 아버지같이 믿음직스럽고 감동적이다.

수놈은 스무 날 동안 아무 것도 먹지 않고 오로지 알이 부화되기만을 기다린다. 그러다가 그 숱한 알에서 새끼들이 터져 나오고, 하나 둘 알둥지를 떠나고 나면, 마침내 기진하여 숨을 거둔다.

텅 빈 알둥지 앞에서 눈을 껌벅이며 죽어가는 얼룩동사리의 모습을 화면에서 보다가, 그만 가슴이 뭉클해 왔다. 자식을 위해 끝없이 헌신하다가 생을 마치는 아버지들의 모습을 거기에서 보았기 때문이다.

언제부터 이 땅의 아버지들은 작고 고독한 존재가 되었는지 모른다. 그 옛날, 한 집안을 떵떵 울리던 위엄은 사라지고, 가정 한 귀퉁이에서 조그맣게 자리를 차지하고 있는 아버지. 그 아버지들이 요즘 바깥에서 배회하고 있다. 아버지의 위엄은 땅에 떨어졌어도 여전히 생계의 책임을 혼자 짊어져야 했던 고달픈 아버지들이 회사에서 무더기로 감원을 당한 것이다.

아버지들은 그러고 싶어도 감히 집으로 들어갈 수가 없다. 걱정스러워하는 아내의 눈길을 똑바로 바라볼 수가 없고, 피지도 못하고 시들어 버릴 것 같은 아이들의 얼굴을 차마 마주 보고 있을 수가 없기 때문이다.

서울역 대합실에서, 아니면 지하도 맨바닥에서 신문지 한 장 깔고 누워 천장을 바라볼 때, 그들은 어떤 생각을 할까. 이제까지 달려온 숨가쁜 세월, 그것은 누구를 위해서였던가. 오직 자신만을 위해서였다면, 그들은 아마 일찌감치 그 고된 삶의 짐을 내려놓았을 것이다.

한 여자를 만나 아이 낳고 기르면서, 그들을 위해 사는 것이 평범한 사람이 가는 정도正道라고 생각했다. 그 정도를 가기 위해 자신은 기꺼이 모든 것을 버렸다. 하고 싶은 일도, 뱉고 싶은 말도, 모두 버리고 참았다. 밥값을 내지 않으려고 제일 늦게 구두끈을 매는 좀생원이 되었어도, 그런 비굴이 조금도 부끄럽지 않았다. 상사上司의 모욕적인 말도 저녁때 한잔 술로 풀어 내면 귀는 다시 깨끗해졌다. 내 가정만 지킬 수 있다면, 내 아이들만 잘 기를 수 있다면 아비의 자존심 따위가 무슨 대수랴 싶었다.

그런데 이제 그런 아버지들이 의욕을 상실했다. 날로 야위어 가는 것은 육체뿐만이 아니다. 육체를 지탱케 해주는 것은 의욕이요 희망인데, 그것이 없는 사람에게 찾아드는 것은 무기력일 뿐이다.

무기력은 정신을 갉아먹는 좀벌레와 같다. 이젠 더 이상 체면이라는 것도 느끼지 못하게 되었고, 무료배급소에서 밥을 타 먹는 두 손도 부끄럽지 않게 되었다. 그들에게는 오직 생존만이 절체 절명의 과제일 뿐이다.

요즘 아이들의 그림에서는 태양이 보이지 않는다고 한다. 태양은 아버지를 상징하는데, 그려도 귀퉁이에 조그맣게 그린다고들 한다.

어린 시절, 우리는 도화지에 이글거리는 태양을 많이 그렸었다. 그때 아버지들은 어린이들의 우상이었다. 아이들이 다시 도화지에 커다랗게 태양을 그릴 날은 언제 올 것인가.

지금 서울의 아스팔트 위에서는 얼룩동사리들이 숨져 가고 있다. 맨바닥에 누워 신문지로 얼굴을 가리고 잠들어 있는 그 모습에서, 나는 이 시대의 불운한 태양들을 본다.

(1998)

어머니의 방

일산 끄트머리에서 한참을 더 들어가는 탄현炭峴이라는 마을에 새 보금자리를 마련했다. 3년이나 기다려 새 집으로 이사한다는 기쁨도 컸지만, 서울을 떠난다는 사실이 내겐 그에 못지않게 섭섭했다. 그리고 또 내가 활동하는 중심지에서 거리가 멀다는 것이 여간 걱정되는 게 아니었다. 그러나 이사하고 몇 달 지내다 보니 섭섭함도 불편함도 이젠 그럭저럭 무디어 간다.

새 집에 방 한 칸이 더 있어, 나는 어머니 방을 꾸며 드렸다. 놓을 곳이 없어 지하실에 갖다 두었던 어머니의 삼층장과 의걸이가 이제 제 자리를 찾게 된 것이다. 백 년은 좋이 넘었을 이 장롱들에는 내 어린 시절이 묻어 있다.

내가 어렸을 때 고향집 윗목에 놓여 있던 이 삼층장에는 서

랍이 여러 개 달려 있다. 그 서랍들 속에는 대체 무엇이 들었을까 나는 늘 그것이 궁금했다. 그래서 까치발을 하고 서서, 두 팔을 높이 쳐들고 간신히 손끝만 집어넣어 그 안을 더듬어 보곤 했다. 그러던 것이 어느 방학 때 고향집에 내려가 그 서랍을 여니 놀랍게도 쉽게 빠졌을 뿐 아니라 그 속까지 훤히 들여다보이는 게 아닌가. 내가 그 사이 키가 훌쩍 자란 것은 생각도 않고 그것이 그렇게도 신기하게만 여겨졌던 일이 어제인 양 새롭다.

삼층장에는 색색의 비단이 들어 있었는데, 그것은 큰언니의 혼숫감들이었다. 어머니는 고운 것들만 보면 딸의 혼숫감으로 장 속에 넣어 두고 틈만 나면 그것을 꺼내어 쓰다듬어 보셨다.

의걸이 아래쪽에는 좌우로 여는 문짝이 달려 있는데, 그것을 열고 안을 들여다보면 거기에는 족두리가 하나 얌전히 놓여져 있었다. 거죽은 검은 비단으로, 안은 자주색 헝겊으로 받친 그 족두리에는 산호와 밀화蜜花로 만든 구슬들이 수놓여져 있었다. 어머니는 그 족두리를 언니에게 씌워 주고 싶어 잘 간수하셨겠지만, 나는 파랗고 하얀 구슬들이 살랑살랑 흔들리는 것이 보기 좋아 몰래 꺼내 보곤 했었다. 그 의걸이에 지금은 어머니의 한복을 넣어 두었다.

어머니의 방에는 어느 생신날 선물로 받은 경대도 놓여 있다. 경대 서랍 속에는 어머니의 머릿기름이 묻은 얼레빗과 참빗, 그리고 흰머리가 섞인 어머니의 머리카락이 봉지에 들어 있다. 그리고 은비녀와 돋보기와 염주도 보인다. 평생 쪽만 찌신 어머니는 은비녀를 윤나게 닦아 꽂으셨는데, 지금은 까맣게 색이 죽었다. 돋보기는 소설책을 읽을 때 끼신 것이고, 염주는 손자들 대학에 붙게 해 달라고 빌면서 굴리신 것이다. 이제는 다 큰 손자들이 할머니의 그런 정성을 알기나 할까.

방 한쪽에는 갓집이 놓여 있고, 그 위에 어머니와 아버지의 사진을 올려놓았다. 생전에는 어렵기만 했을 아버지를 나란히 모셔 놓고 이승에서 못다 한 사랑 나누시라고 빈다.

이사 오던 다음날, 대충 정리를 끝내자 나는 어머니와 아버지께 집 구경을 시켜 드렸다.

"여기는 안방이구요, 여기는 서재예요. 그리고 어머니 방에서 밖을 내다보면 경치가 좋아요."

어머니가 그 시원하게 트인 경치를 보실 수 있도록 사진을 베란다 탁자 위에 올려놓아 드렸다.

나는 새 집에서 어머니와 단둘이 산다. 아침저녁으로 어머니께 인사 올리고, 외출할 때나 돌아올 때 어머니의 방을 들여다보며 커다란 소리로 "다녀오겠습니다, 다녀왔습니다." 하고 고한다. 바쁜 일이 있어 여러 날 청소를 못할 때는 "엄마, 청소하지 마세요!" 하고 한마디 더하고 나간다. 그렇게 말한다고 가만히 계신 어머니였던가. 나는 참 간교한 딸이다.

밖에 나갔다가 피곤하여 소파에서 깜박 잠이 들면, 어머니의 무릎을 베고 있는 꿈을 꾼다. 어머니가 이 집에 오신 모양이다.

오늘같이 비 오는 날엔 어머니의 방에서 홈통을 타고 내려오는 낙숫물 소리를 듣는다. 이렇게 날이 궂으면, 어머니는 꼭 날궂이떡을 해 주셨는데…. 나는 지금 몹시 허기지다. 호박채 썰어 넣고 장떡을 해 주시던 어머니가 안 계셔서일까.

가물거리는 촛불 너머로 어머니의 얼굴을 보며 기도한다. "어머니, 부디 이승의 미련·고통·한恨 모두 잊으시고 편안히 극락왕생하시옵소서."

(1999)

저녁 노을

아침 여덟 시, 버스에 앉아 강의 시간에 늦을까봐 시계를 들여다본다. 일분 일초를 다투는 이 시각에는 느긋한 마음으로 신문을 펼쳐 볼 여유가 없다. 손으로는 쉴새없이 시계를 만지작거리면서 눈으로는 길이 막힐까봐 조바심을 치며 밖을 내다본다.

차가 골목길을 한참 누비다가 일직선의 중앙로로 들어서면 시야가 갑자기 환하게 밝아진다. 아침 햇살이 홍수처럼 버스 안으로 밀려 들어오기 때문이다. 맑고 여린 그 햇살을 조금이라도 더 받기 위해 가슴을 펴며 태양의 싱그러운 정기精氣를 힘껏 들이마신다.

중천을 향해 떠오르는 아침 해는 인생의 청사진을 앞에 놓은 젊은이와 같다. 젊은이는 그 백지에 때묻지 않은 꿈과 희망을 그려 넣으리라. 인생의 아침에 불가능이라든지 포기라는 단어를 떠올리는 사람이 있다면, 그는 이미 젊은이가 아닐 것이다.

아침 해를 눈을 가늘게 뜨고 바라보면서 새삼 내가 오후에 처해 있음을 느낀다. 그래서일까, 언제부터인지 저녁 해를 바라보는 것을 좋아하게 되었다. 집에 있는 날, 오후 다섯 시가 넘어 베란다에 나가면, 해가 지는 모습을 한눈에 볼 수 있다. 멀리 한강 너머에서 붉은 난황卵黃 같은 저녁 해가 찬란하게 빛살을 뿜으며 스러지는 광경은 나를 늘 그 자리에 못박히게 한다. 기도를 모르는 손이지만 합장을 하고 싶게 만드는 일몰日沒, 그것이 아름다운 것은 노을이 있기 때문이다.

저녁 해는 놀라울 정도로 빨리 진다. 그리고 여운처럼 노을이 길게 깔린다. 화창한 날엔 그 노을이 더없이 황홀하지만, 구름이 낀 날에도 그 무채색 하늘에 노을이 비칠 때가 있다. 안개가 낀 밤거리에 가로등의 빨간 불빛이 고혹적이듯이, 회색 구름으로 덮인 하늘의 주홍빛 노을은 더욱 아름답고 인상적이다. 나는 그 회색과 주홍빛에서 인생의 명암을 생각하며, 하루의 종장終章을 숙연한 자세로 맞는다.

흐린 날과도 같은 인생에서도 황혼이 아름다우면 얼마나 위로가 될까. 삶이 누구에게나 화창할 수는 없는 것이기에 흐린 날의 그 노을을 더욱 유심히 바라보게 되는지도 모른다.

젊은 시절에는 춥고 궂은 날이 많았어도 노년에는 마음 넉

넉하게 여생을 보내는 사람들의 이야기가 때로 우리를 감동케 한다. 안 먹고 안 입으며 평생 모은 재산을 학교의 장학금으로 내놓은 젓갈 할머니, 돈이 없어 생목숨을 잃는 젊은이들이 없도록 대학병원에 전 재산을 쾌척한 옷 장사 할머니—그런 분들의 공통점은 그들이 본래 부자가 아니라는 것이다. 그들에겐 아침 해가 희망의 상징이었던 것이 아니라 가난과 절망의 시작이었다. 점심을 굶으며 또 거친 일에 손등이 터지며 티끌 모으듯 재산을 모은 할머니들, 그들의 부富는 누구보다도 깨끗하고 값졌다. 이제부터 그들은 그 지긋지긋했던 가난을 털어버리고 남부럽지 않게 떵떵거리며 살 수도 있었다. 그러나 그들은 마음도 비우고 주머니도 비웠다. 누가 그들에게 그런 멋진 만년晩年의 그림을 그리도록 유도했을까.

"내가 돈을 번 것은 사회와 하느님 덕분이었습니다. 나는 잠시 돈을 소유했을 뿐이고 이제 그 돈은 당연히 사회의 몫이 되어야 합니다."

어느 철학자가 이보다 더 훌륭한 말을 할 수 있을까. 이분들은 식자識者의 머리로써가 아니라, 마음을 비운 무욕無慾과 타인에 대한 사랑 속에서 이런 멋진 철학을 깨우치게 되었을 것이다. 자신들의 노년을 회색에서 아름다운 빛으로 바꾼 할머니들, 그들은 버림으로써 많은 것을 얻었다. 나중에 웃는 자가 진정한 승리자라 한다면, 이들보다 더 큰 승리자가 또 어디 있으랴.

떠오르는 해는 이제 내 몫이 아니다. 서녘 하늘을 아름답고도 장엄하게 물들이는 저녁 노을을 바라볼 때마다 나는 내 인생의 종장을 생각지 않을 수 없다. 숱한 오류, 숱한 실패, 숱한 잘못, 이 후회와 부끄러움을 깨끗이 지워 버릴 수 있는 지우개가 있으면 좋겠다. 일흔여섯 살의 지미 카터가 사랑과 봉사로 실패한 대통령이란 불명예를 지워가듯이, 나 또한 이기利己의 너울을 벗고 타인에게 따뜻한 마음으로 손을 내민다면, 내 노년에서도 잿빛을 거두어 낼 수 있을까.

지금 나는 아침 해를 바라보며 저녁 해를 떠올린다. 그 낙조落照가 물들일 아름다운 저녁 노을, 그것은 내 마지막 욕심이자 꿈이 될 것이다.

(2000)

수필과 실존

— 나의 등단 이야기 —

1974년부터 수필이라는 이름을 달고 글을 썼으니, 수필과 인연을 맺은 지도 28년이 되었다. 한 분야에 30년 가까이 몸을 담아 왔다면 한눈 팔지 않은 인생같이 보일지 모르지만, 내 경우는 그렇지 못했다.

대학을 졸업한 후, 내가 줄곧 일해 온 곳은 잡지사 아니면 신문사였다. 그 시절의 내 희망은 거창하게도 명기자가 되는 것이었다. 기자 생활을 하면서 참으로 살맛 나게 한 것은 유명한 분들을 매일같이 만날 수 있다는 즐거움이었다. 철기 이범석 장군을 비롯하여 외솔 최현배 선생, 청전 이상범 화백과 홍익대학의 이마동 학장, 또 ≪현대문학≫의 조연현 주간을 비롯하여 아동문학가 이원수·시인 김용호 선생과 같은 문단의 중진 인사들… 일일이 열거할 수도 없을 만큼 많은 분들을 만나 인터뷰를 하면서, 나는 부지런히 기사를 썼고 취재원을 찾아 동분서주했다.

그러다 보니, 나도 모르게 자신이 꽤 유능해진 것 같은 착각이 들어 마침내 나는 용기와 무모함의 한계를 구별하지 못하는 지경에까지 이르고야 말았다. 스물여덟이라는 나이에 겁도 없이 직업 여성들의 권익을 옹호한다는, 당시로서는 급진적이고도 의식 있는 여성지를 창간하게 된 것이다. 그러나 주위 사람들의 부추김과 내 만용으로 창간된 그 잡지는 2호까지 내고 엉뚱하게도 정치적인 탄압으로 폐간이 되는 불운을 내게 안겨주었다.

서른도 못 된 나이에 겪어야만 했던 내 인생의 첫번째 실패는 나로서는 너무나도 큰 타격이었다. 이십대에 꿈꾸었던 명기자도, 또 의식 있는 잡지의 발행인도 되지 못한 나는 삼십대를 무기력한 노인같이 맞이해야만 했다. 에너지는 모두 소진되고, 비전이 없는 나날은 내게서 생존의 의미마저 앗아가 버린 느낌이었다.

내 삼십대는 정말이지 회색의 늪지대와도 같았다. 나는 매일 매일 그 늪 속으로 한 걸음씩 빠져 들어갔다. 삼십 년을 육십 년만큼 살았다고 하면, 인생이 설령 삼십 년으로 끝난다 하더라도 조금도 아쉬울 것은 없으리라. 그러나 내게는 이루어 놓은 것이 아무 것도 없었다. 완전한 무無라는 그 자각은 나를 침체의 늪 속에 편안하게 도피하도록 허락지 않았다. 젊은이에게 도피는 무능의 비겁한 다른 이름이지 않은가. 그래서 나는 나를 참을성 있게 지켜보고 있던 사람들의 손을 잡았다. 그러곤 영원히 헤어나올 수 없을 것 같던 그 죽음의 늪에서 빠져 나왔다.

나는 다시 펜을 잡았다. 내 빈손에 잡을 수 있는 것이라곤 오직 펜밖에 없다는 그 깨달음은 깨어진 꿈들의 상처를 어느 정도 아물게 해 주었다. 그래서 72년도 ≪수필문학≫ 8월호에 〈정취情趣〉라는 짤막한 글을 발표한 이후로 중단했던 글쓰기를 74년부터는 본격적으로 다시 하기 시작했다. 그러면서도 나는 정식으로 등용문을 거쳐야겠다는 생각은 해 보지 않았다. 70년대 초반은 문예지에서 처음으로 수필 분야에 추천 제도를 두기 시작한 때였지만, 나는 그런 관문에 대한 호기심이나 필요성을 느끼지 못했던 것이다.

그러나 주위 사람들은 나와 생각이 달랐다. 이왕 글을 쓰려면 어디에서 나왔다는 '타이틀'이 필요하다는 것이었다. 그래서 나는 그런 권유에 전적으로 동의하지는 않았지만 달리 반대할 소신도 없어, 76년도 한국일보 신춘문예에 응모하여 수필에 대한 정식 입문 절차를 밟았다.

이십대의 실패를 딛고 승선한 수필이라는 배—그 배를 타고 긴 항해를 하는 도중, 때로는 하선下船하고 싶은 생각이 든 적도 많았다. 멀미하는 사람이 배에서 고생하듯이, 문학적인 재능이 부족한 사람이 부딪히게 되는 자기 한계를 극복하기 어려웠기 때문이다.

그러나 이젠 핑계를 대고 그 배에서 내려올 기회마저 놓쳐 버린 것 같다. 배는 앞으로 앞으로만 내달린다. 돛이 낡아 더 이상 바람을 맞을 수 없을 때까지 배는 계속 앞으로 달릴 것이다.

나는 자신을 미화하거나 과장하는 것을 좋아하지 않는다. 그래서 수필을 혼魂으로 쓴다든지 피로써 쓴다든지 하는 말에 심한 거부감을 느낀다. 수필은 내게 아마추어적 허영이 아니라 프로의 실존과도 같기 때문이다.

(2002)

■ 연보

•약력

1943. 6. 4	충남 천안시 성정동 211번지 '香春農園'에서 아버지 李永植, 어머니 金明禮의 2남 3녀 중 막내로 태어남(그러나 선친의 원적지는 평북 정주임).
1946	서울로 올라와, 종로구 사직동에서 유년기를 보냄.
1949	서울 매동국민학교 입학.
1950	6·25전쟁으로 피란 내려가, 고향의 천안 제일국민학교에 편입.
1955	1953년에 다시 상경, 서울 매동국민학교 졸업. 서울 배화여자중학교 입학(중1때 전국학도호국단 주최 문학 콩쿠르에서 산문 〈봉선화〉 입상).
1958	서울 배화여자중학교 졸업.
1961	서울 배화여자고등학교 졸업(고3때 학교 데모 주동자의 한 사람으로 무기정학을 받고, 졸업 직전에 복교하여 간신히 졸업장을 받음).
1965	한국외국어대학 불어과 졸업.
1967	박연구 씨(전 ≪에세이문학≫ 발행인) 와 윤형두 씨(도서출판 범우사 회장)를 만나게 된 인연으로 '수필적 산문'을 지면에 발표하기 시작함.
1968	경남매일신문사 서울지사 문화부 기자.
1970. 11	'직업 여성을 위한 최초의 대변지'라는 캐치프레이즈를 내걸고 월간 ≪직업여성≫을 창간하

여 발행인 겸 편집인이 됨.

1971. 1 ≪직업여성≫ 창간호 발간. 4월 6일, 제3호 제작중 정치적인 압력으로 정기간행물 등록 취소를 당함. 4월 21일, 정기간행물 등록 취소 무효소원에 관한 소송을 냄.

1972. 2. 22 ≪직업여성≫ 소송 건이 대법원에서 승소하여 동년 3월 23일 복권이 됨. 4월, 앰네스티 국제위원회 한국지부 회원.

1973. 12 한국수필가협회 회원. 한국수필문학진흥회 회원(1982). 수필문우회 회원(1984). 한국여성문학인회 회원(1988). 한국문인협회 회원(1995).

1974 ≪한국수필≫ 전신 ≪수필문예≫ 제6호에 〈얼굴〉을 발표하면서부터 본격적으로 수필을 쓰기 시작함. 한국수필 75인집 ≪우리가 잃어가는 것들≫(한국수필가협회 편)에 〈아카시아 꽃술〉 수록.

1975 한국수필문학대전집 제20권(범조사)에 〈천식을 앓는 까치〉 외 6편 수록.

1976 한국일보 신춘문예에 응모, 수필 부문 당선(원제 〈눈물〉).

1977 역서 A. 카뮈 ≪시지프의 신화≫(범우사) 출간. 이후 생텍쥐페리 ≪어린 왕자≫를 비롯하여 역서 다수 출간.

1981 공저로 ≪진달래와 흑인 병사≫(범우사) 출간.

1985 중앙대학교 사회개발대학원 사회복지학과 수료(행정학 석사). 사회복지사 자격 취득.

1988 지양 편집 기획 운영. 공저로 ≪있음의 흔적≫(원장) 출간. 9월, 한국일보 문화센터 수필 강좌 출강(1996년까지).

1991 ≪문학과 예술≫(중국 연길)에 〈엽서를 보내는 마음으로〉 외 1편 수록. ≪연변 녀성≫(중국 연길)에 〈아카시아 꽃술〉 수록.

1992 제10회 현대수필문학상 수상.

1994 서울YWCA 수필 강좌 출강. 과천시청 문예 강좌 · 삼성생활문화센터 수필 강좌 출강.

1995 마포평생학습관 수필 강좌 출강(현재).

1996 어머니 별세(1월 6일). 과천시청 상반기 · 하반기 문예 강좌 출강. 롯데문화센터(잠실점) 수필 강좌 출강.

1997 과천시청 상반기 문예 강좌 출강. 롯데문화센터(영등포점) 수필 강좌 출강.

1998 한국문인협회 문예대학 수필 강좌 출강. 강서도서관 수필 특강.

1999 제5회 신곡문학상(본상) 수상. 과천도서관 수필 강좌 출강. 롯데백화점(일산점) MBC 문화센터 수필 강좌 출강. 국민일보 '여의도 에세이' 집필. 과천도서관 수필 강좌 출강.

2001 중앙문화센터 서울본점 수필 강좌 출강.

2002	한양여자대학 문예창작과(수필창작실기) 출강.
2003. 8	미주한국문인협회(LA) 여름 캠프에서 〈수필의 위상과 나아갈 방향〉에 대해 주제 강연을 함.
2004. 6	계간 ≪에세이21≫창간, 발행인 겸 편집인(현재). 한겨레교육문화센터 수필 강좌 출강(현재).
2007. 5	≪에세이21≫ 창간 3주년 기념으로 중국문학기행 "연암 박지원의 열하일기"를 따라서 주관.

•수필집

≪당신은 타인이어라≫(범우사, 1986), ≪산길이 보이는 창≫(범우사, 1991), ≪숨어 있는 나무≫(범우사, 2000), 선집 ≪하얀 진달래≫(선우미디어, 1999), 4인수필집 ≪시간의 대장장이≫(선우미디어, 2006)

•평론집

≪한국수필평론≫(범우사, 1998), ≪한국수필평론 개정판≫(범우사, 2002).

•이론집

≪인생의 재발견-수필쓰기≫(랜덤하우스코리아, 2007).

현대수필가 100인선 · 20
이정림 수필선
민들레 씨앗

초판인쇄 | 2008년 3월 31일
초판발행 | 2008년 4월 5일

지은이 | 이 정 림
펴낸이 | 서 정 환
펴낸곳 | 좋은수필사

주 소 | 서울시 종로구 익선동 30-6
운현신화타워 빌딩 3층 305호
전 화 | 02)3675-5635, 063)275-4000
등 록 | 1984년 8월 17일 제28호
홈페이지 | http://www.shin-a.co.kr
e-mail | essay321@hanmail.net

값 7,000원

ISBN 978-89-5925-289-3 04810
ISBN 978-89-5925-247-3 (전 100권)